橋本治のかけこみ人生相談

橋本　治

橋本治のかけこみ人生相談◎もくじ

仕事について

農家を継ぎましたが、外でバリバリ働きたい気持ちも。……32

転職5社目。入って半年でまた転職を考えています。……41

転職活動中ですが、家族の経済状況が悪化し私の支えが必要に。でも自分のしたいことも諦めたくありません。……50

親子・兄弟について

生き方について

夫婦・恋人について

イラストレーション：ナツコ・ムーン
本文デザイン：石間淳
DTP：美創

仕事について

お悩み

痩せてニキビ面で禿げているので上司に好かれず、安月給です。

回答

飛躍しすぎでは。あなたは重要なあることを素っ飛ばしています。

●カナタ・製造業・30歳・男性・神奈川県

同じ会社で10年以上仕事をしているものです。このくらい働いていると同期と差が出始めるのはわかるのですが、自分は作業の能力は同じもしくはそれ以上だと思っているのですが（それが間違っているのかもしれませんが）作業以外の仕事（上司に気に入られたり周りの人とうまく馴染《なじ》んだり）がうまくできません。

昔から自分にコンプレックス（体が細すぎるとかニキビがたくさんある、禿《は》げているなど……）があり、目立つことが好きじゃありませんでした。その今までに過ごしてきた時間がこの状況を作っているのはわかりますが、そう簡単に変われないと言い訳している自分がいます。

このまま悔しい思いをしながら上司に好かれないで、同じ分働いているのに、もらえる給料が少ないままで生きていくのか、転職して違う自分を演じるように努力するのか、生活保護を受けて仕事をしないで生きていくのか、悩んでいます。こんな自分はどんな生き方をしていけばいいのでしょうか？

一度ついたイメージは変わらないとよく聞くので、今の場所で頑張るのは本当につらいです。評価されないのもつらいです。どうかいいアドバイスお願いします。

◎お答えします

あなたは、ご自分がどんな風に悩んでおいでかを分かってらっしゃいますか？　一人で考えていると、いろんな考えが頭の中でグルグル回ってとんでもない結論を出してしまうこともありますが、あなたのご相談もまさにそういうものです。

あなたは、同じ会社に10年以上勤務していて、任された作業も人並かそれ以上は出来ていると思っているのですが、上司や同僚達とはあまり馴染めていないのです——これが、あなたのおっしゃる「あなたの悩み」です。

あなたは「周囲と馴染めない理由」を、《体が細すぎるとかニキビがたくさんある、禿げている》等の身体的コンプレックスによるものと説明しています。ここまでは分かります。でもその先になると、飛躍が生まれてしまいます。いつの間にかあなたは、「みんなと同じように働いているのに、上司に好かれていないから、他の人間よりも給料が低くなっている」と決めつけています。

あなたが自分の給料に満足していないことだけははっきりしていますが、それが同じ仕事をしている同僚と比べ低いのかどうか——あなたを好いていない上司の査定によって低くなっているのかどうかは、私には分かりかねます。「周りの人とうまく馴染めない」とおっしゃるあなたが、どうして周りの他人達の給与額を知るのですか？　もしかしたら、あなたが「自分だけ給料が安い」と思い込んでいるだけで、「あなたを含めた会社の全員がそれほど多くの給料をもらっているわけではない」という可能性だってあるかもしれませんよね。

あなたは初め、「周囲の人と馴染めないから、この会社に違和感を抱いている」と言っていたはずですが、それがいつの間にか「周囲に馴染めない私の給料が低い」という不満の方に移っています。あなたは、「身体的コンプレックスで周囲と馴染めない」と言っていたはずなのに、「この身体的コンプレックスがあるから上司には好かれず、その結果、上司の査定も悪くなって、同じ仕事をしていても自分だけは他人より給料が少ない」と言うようになっています。そして、「転職も考えるけど、今のままの自分じゃ他の職場へ行っても同じようなことになるだろうから、いっそのこと働くのをやめて、生活保護で食べて行こうか」と考えてしまうのです。

ご自分が結構極端な考え方をしていて、その極端さは「あること」を素っ飛ばして考えてしまった結果だというのは、お分かりだと思います。人間は、自分の核心に迫るような悩みには、あまり目を向けたがらず、「一通り」に触れただけで通りすぎてしまうものですが、あなたもやはりそうですね。

問題は、あなたが「それほどでもない」と自分に言い聞かせている身体的コンプレックスにあるんですね。「これはどうにも変えられない」とあなたが思い込んでいて、だから「転職してよその職場へ行っても同じだろうし、人の目がある以上、それを気にして悩んでしまうので、いっそのこと生活保護を受けて、人の目に触れないように生きて行こうか」というところへ行ってしまうのですね。「あることを素っ飛ばした極端さ」というのは、そういう考え方をしてしまうことです。

まず、あなたの長所を考えましょう。あなたの長所は「仕事が出来ること」です。「自分の能力は同期と同じかもしくはそれ以上」とおっしゃっているのは、間違いのないことだろうと思います。そして次に、短所を考えましょう。それは、「自分の能力は同期と同じかもしくはそれ以上」と思っているにもかかわらず、そう思うことを《間違っているのかもしれません》などと、一人決めをしてしまうことです。そんなことは、「お前はだめだ！」と人に言われてから気づけばいいのです。「自分は人並かそれ以上だ」と思っていなければ、仕事の腕は向上しません。つまらないネガティヴな一人決めは、したってなんのトクにもならない、有害なものです。

ネガティヴな一人決めをしてしまうのがあなたの最大の短所で、なんでそういう傾向がひどくなってしまったのかというと、もうお分かりかと思いますが、ご自身の身体的コンプレックスのせいですね。そういう人は、「自分の中」ばっかりを見て、「自分の外」をあまりに見ないので気がつかないのですが、世の中の「瘦せてニキビがあって禿げている男」が、みんな暗くおとなしく目立たないようにしているとお思いですか？　世の中には、「瘦せてニキビがひどくて禿げているのに、どうして明るく陽気に出来ているんだろう？」と思えるような人間もいるのです。

おそらく、あなたは一つ誤解していて、「自分は、痩せてニキビがひどくて禿げているから、普通にしていても好かれなくて、それが分かっているからみんなの中に入っていけないのだ」と思っていらっしゃるのでしょうが、でもそんなあなたは「普通」になんかしていないのです。「自分は普通にしている」と思い込んでいるところが、あなたの誤解です。

あなたの「目立ちたくない」は、「人に近づかれると、自分のコンプレックスを意識せざるをえなくなってしまうから、それがつらい」です。そう思うあなたは、人に対して無意識の内に、「近よるな、こっち見るな」という警報を発し続けているのです。

あなたは、「目立つのが好きじゃないから人と馴染めない」と思っているのですが、その実あなたは「寄るんじゃねェよ！」のオーラを発して、人を遠ざけているのです。それだったら、周りとしてもあなたには近づきにくいですよね。そしてあなたは、そうなっている理由を「自分の見た目の悪いせいだ」と思っているのですが、本当の理由は、あなたがネガティヴな一人決めをして、無意識の内にこわい表情をして「来るな！」アピールをしているからです。

じゃどうすればいいのかというと、とりあえずは笑う訓練をすることですね。「人に好かれてないに決まってる」と思い込んでいるあなたの顔の表情筋は硬直しているに決まってますから、手で頬っぺたを押さえて上げたり下げたりのマッサージをして下さい。その他に、鏡の前で顔をメチャクチャに揉《も》み上げたり揉み下げたりして、「自分はなんてへんな顔なんだ」と思って、笑ってみたりして下さい。さんざん「変顔」をした挙句に普通になって、鏡を見て下さい。そうすれば、「なんだ、普通じゃないか」という気にもなります。

これで「女にもてたい」だと少しむずかしくはなりますが、「会社の同僚や仲間と馴染みたい」だと、そんなにむずかしくはありません。会社の同僚達が飲みに行く相談をしているのを見たら、顔の筋肉を少しゆるめて、「いいなァ、僕も連れてってくれないかな」という顔をして、ちょっと離れたところから見ていればいいのです。そうすれば、「いつも知らん顔してるやつが珍しいな」と思われて、「行く？」とか言います。あなたはただコクンとうなずけばいいのです。むずかしいことなんかなにもありません。そうなるまで顔の筋肉をゆるめて、「どうしたの最近？」と言われるのを待てばいいのです。

二十代の禿げはしんどいと思います。でももうあなたは三十を突破しました。三十代の腕のいい労働者が禿げていると、「年の行ったベテラン」のように思われるメリットがあります。「俺は一人で、ブラックマヨネーズの吉田と小杉をやってるんだ」くらいに思ってれば、うっかり笑っちゃったりもするので、そう暗くはならないはずです。

やっぱりものは考えようですよ。

お悩み

理由もなく会社がつらいのです。なぜなのでしょうか？

回答

あなたは唯一自覚できる〝つらい〟という感情をご自身にぶつけ、他の感情を引き出そうとしているのです。

●竹糸・会社員・23歳・男性・東京都

今は会社が理由もなくつらいのですが、元をただせば何につけてもつらいという感情を抱いてしまうことについて、ご相談させて頂きたく投稿いたします。私は23歳で、この春から社会人になりました。世間的には羨《うらや》まれる学歴から羨まれる会社に入ったと自負しております。また会社も、学生時代の友人の話と比較すると、比較的に労働環境の良い所に入ったと思われます。極端な残業はなく（毎日2～3時間程度）、ハラスメントなどもありません。嫌いな上司・腹が立つ同僚というレベルならば居ますが、そういうものだという理解はしております。

一方で、自分は恵まれているなと頭では思いつつも、どうしても会社が嫌でたまらなく、酒の摂取量は増える一方です。「何が嫌なのだろう」と考え、思いつくことは些細《ささい》なことばかりで、「自分は根性なしなのか」と思う毎日です。

本当に理由もなく嫌でたまらない、としか表現ができません。

元を辿《たど》ると、学生時代からそうなのでした。1年後に受験があれば1年間その受験に怯え続け（受験は十分人生における重大イベントとは存じますが、そうはいっても私の思考の全てを支配するほど重要なイベントとは思えません）、成績が壊滅的に悪い等の理由も特段ないのに「つらいなあ」と思うだけで日を過ごしました。

大学院時代も同様でした。その時には「自分は無収入でただ学んでいるというこの不安定な日々を憂鬱に思っているのだ」と自らを納得させていたのですが、社会人として給料を頂ける生活になった以上、その理屈は通用しません。

もうただ、つらいからつらいのだとしか思えません。私は、なぜ、こんなにもつらいのでしょうか。

◎お答えします

私にはあなたのお悩みが、分からないわけではありません。大学受験を控えた高校生の頃、大学受験がいやでいやでしょうがありませんでした。私は、その気になれば全然いい大学に入れるのにと、おそらくは担任教師に思われていたはずですが、「その気になる」などということはありませんでした。「受験勉強なんかはしたくはない」と思う私に、「じゃなににになりたいんだ?」と聞いても、明確な答は返って来ません。「なりたいもの」がないわけではないけれど、それをやれるだけの腕とか技術があるのかと言えば、これもまた「自信がない」で、だから「なにになりたいか」をはっきりと言えない状態でした。

私は宙ぶらりんで、受験勉強ばっかりやっている人だらけの教室にいて、ずーっと「つらい」と感じていました。「だから、私はあなたにそっくりで、あなたのつらさがよく分かる」と言って、あなたに納得してもらえるでしょうか？　もしかしたら「違う」と言われるかもしれません。あなたのお悩みは、「自分が本当にしたいことは別にあるのに、それが出来なくてつらい」というものではないからです。

でも、あなたのようなお悩みは、普通「自分のしたいことが出来ていないからつらい」という形になるようなものなのです。「普通はそういう風に考えるもの」ということを頭に置いていただくと、あなたの「自分はなぜつらい思いばかりし続けるのか？」という答は見えて来ると思います。

ずばり、あなたには「自分はこうでありたい」と思うものがないのです。それがないまま、世間的にはなんの問題もないようなあり方を続けているから、つらいのです。あなたにはいささか分かりにくいことかもしれませんが、あなたには「つらい」と思う以外の感情がないのです。あなたはそれを薄々感じていて、「つらい」と思うことで自分を責めているのです。なぜ責めているのかはお分かりになりにくいかもしれませんが、あなたは自分の知る唯一の感情である「つらい」を自分自身にぶつけることによって、「どうして〝つらい〟だけなんだ！　僕には他の感情がないのか！　〝つらい〟以外の感情出て来い！」と、自分に言っているのです。そう思って胸に手を当ててみると、「なるほど」という感じがしませんか？

　あなたは多分、子供の時に豊かな感情をお持ちだったはずです。そうでなければ、あなたは今の「ほぼ恵まれた状態」に辿りつくことは出来ません。「ホントはいやなのに、死ぬほどの苦労をして理想のポジションを獲得した」というわけでもありませんよね？　あなたは、メチャクチャな努力をしなくても、「なんとなく出来た」という人なのです。だから、一方では「いやなこと」を発見しつつも、「でも、そういうもんだな」という寛容な態度を示せるのです。そういう「平和」は豊かな感情がなければ達成出来ません。

　でも、あなたを支えていた豊かな感情は、いつの間にか涸渇する方向に傾いてしまいました。それがいつの頃かというと、《1年後に受験があれば1年間その受験に怯え続け》になった頃です。別に、成績が悪くなったわけでもないのに「怯える」がやって来てしまったのは、あなたが「自分の豊かな感情がなくなりつつある」と感じた結果なのだと思います。

あなたはそもそも豊かな感情をお持ちだったから、「これ以上はもういいや」と思って、感情の豊かさを維持したり増やそうとはしなかった。豊かな貯金量を崩して使い続けるということをした結果、感情で自分を支えることが出来にくくなって、「やらなくちゃ」と思う頭の論理だけで支えるようになったから、「つらい」になるのです。

こう言えばあなたは、「感情で自分を支えるってなんですか?」とお尋ねになるかもしれません。でも、それは別にむずかしいことではなくて、自分のやることを「好きだ」と思えてしまえば、それをやるのが苦労ではなくなるということです。

あなたがなくしてしまった、あるいは新しく増やすことが出来なかった最大の感情は、「なにかを好きになる、好きになれる」というものです。物であっても、人であっても、行為であっても、「自分はこれが好きだ」と思えれば、幸福感が生まれます。人間にはそれが必要なのです。

子供の時のあなたは、豊かな感情とかなり高い能力をお持ちだったはずです。だから、「なんでも一人で出来る」と思って、それをこなしてしまった。その結果、「なにかを好きになる、好きになれる」という能力が、退化したか、成長しなかったのです。

幸福感がないから、一人で考えるとつらくなる。だから、それを忘れさせてくれる酒の方についつい手を伸ばしてしまう。今のあなたに必要なのは、アルコールがもたらしてくれるフェイクな幸福感ではなくて、「なにかを好きになる」という感情を取り戻すことですね。

まず、「自分はなにが好きなんだろう？　なにだったら好きになれるんだろう？」ということをお考えになるよう、おすすめします。もちろん、それが簡単に見つかるとも思いません。「好きになる」ということは、「その対象から助けてもらう」ということで、自分以外のものに頭を下げることも必要です。もしかしたら、あなたの中ではそういうことも忘れられているかもしれません。「自分はなにが好きか？」の答はそう簡単に出て来るものじゃありません。

そして、こういうことになると「会社を辞めて自分探しの旅に出る」などということになりかねませんが、あなたのように「順調な人生」を歩いて来た方が突然そんなことをすると、精神的な変調を来たすおそれもありますから、おすすめは出来ません。今の状態を続けながら、「自分はなにが好きなのかな？」とお考えになることをおすすめします。「つらい」の反対には「好き」があって、「好き」と思える感情がなくなると、「つらい」になるのです。

あなたが「なに」を好きになるかは分かりませんが、しかしあなたのパーソナリティからすると「自分のしている仕事を好きになる」という方向に向かわれるのが、一番ありそうかなという気がします。だから、「自分はなにが好きなのかな？」と考えながら、現在のお仕事を続けられるのが、まずはよろしいかと思います。

「自分はなにが好きなんだろう？」と考えることは、自分の幸福を探り求めることでもあるのですが、もしかしたらあなたは「自分の幸福を考える」ということを、もう長い間忘れてしまっているのかもしれません。「自分の幸福」を考えたっていいんですよ。

お悩み

農家を継ぎましたが、外でバリバリ働きたい気持ちも。

回答

その迷いは〝親の手伝い〟というポジションからくるのでは。

●農業系男子・農業・25歳・男性・佐賀県

25歳で家業である農業の後継者として日々仕事をこなしています。私は高校卒業後、3年間企業に勤めていました。その後、家業の農業を継ぐことになりました。継いだ理由としては、「自分が手伝うことで親が楽になるならいい」と考えて就農しました。就農してからは、作業が朝5時半からだったり、深夜1時に作業が終了したりと、きついこともありましたが嫌ではありませんでした。

しかしここ最近になって、自分は「外でもっとバリバリ働きたい」、そんな気持ちが出てきました。就農を決めた際にも、この気持ちはありましたが「私が農業の後継者だ」「私が継げば両親は楽になるし世間的に鼻が高い」という気持ちが大きかったので、結果就農という形になりました。

一番悩んでいるのは、農業を辞めて自分が本当にいきたい道に進むべきか？

という点です。本心は外で働きたいという気持ちが強いのですが、親のことを考えるとなかなか決めきれないのです。親は、自分が生きたいように生きなさい！　そう言ってくれるのですが、ここで農業を辞めたら親を見捨てたみたいで本当に苦しいです。そして、もし外に出て働くと決断した場合どんな言葉を伝えれば、私がよく考えて出した決断か伝わるのでしょうか？

◎お答えします

お尋ねしますが、あなたの《本当にいきたい道》というのは、どんな道でしょう？　以前のように企業に勤めて《もっとバリバリ働きたい》――働けるようになるということが、あなたの《本当にいきたい道》でよろしいのでしょうか？

私もあなたのご両親と同じで、「自分が本当にいきたい道に進めばいいでしょう」という答を持ち合わせていますが、それを言う前に一つお聞きしなければならないことがあります。それは、あなたがなぜ《外でもっとバリバリ働きたい》と思うのかということです。

ご相談の内容からして、あなたが農業を嫌っているようには思えません。普通だったら、「家業の農業を継いでいますが、本当のところ、私は農業が嫌いで、外でバリバリ働きたいのです」ということになるはずですが、あなたは《きついこともありましたが嫌ではありませんでした》とおっしゃっているのですから、そうではないはずです。

「農業は嫌いではない。親の手伝いをすることもいやではない。でも、外でもっとバリバリ働きたい」というのがあなたなのですから、私は「なぜ外でもっとバリバリ働きたいのだろう？」と思ってしまうのです。というのは、あなたのお尋ねの中に、「外でなにをしてバリバリ働きたいのか」という部分がないからです。

それで、私は勝手に考えます。現在のあなたのしている仕事と、あなたが思う「外」とではなにが違うのかと。

「外でなにをやりたい」という具体的なものがなくて、それでもあなたが「外で」と考えてしまうのなら、今のあなたがいる「実家の農業」と、あなたの思う「外」とでは、なにかが違うのです。違うからあなたは「外」に対して憧れを持つのですが、あなたの今いる場所と「外」とでは、なにが違うのでしょう?

まず第一の違いは「人」ですね。現在のあなたの仕事環境であるご実家には、あなたの他にご両親しかいません。でも、「外」に出て仕事を得られれば、その職場には大勢——とまではいかなくとも、何人かの同僚は増えるはずで、もしかしたら、あなたと同じ年頃の仲間や恋人になるような人も見つかるかもしれません。高校卒業後の三年間、企業に勤めていたあなたなら、そうした職場環境はよくお分かりのはずです。

「なにをしたい」という目的抜きで「外に行きたい」とおっしゃるのなら、その理由は「外に行けばもっと人がいる」になるのではないかと私は思うのですが、しかし、こんな答であなたは満足をなさいますか？

「外に行けば人がいる。両親以外の人間が恋しいなァ」とあなたがどこかで感じていらっしゃることは間違いないとは思いますが、でも二十五歳になったあなたが「都会に憧れる高校生」みたいに、「じゃ俺、外に出て行くから」と言うようになるとも思えません。

あなたが《もし外に出て働くと決断した場合どんな言葉を伝えれば、私がよく考えて出した決断か伝わるのでしょうか？》とおっしゃっていることは、重要なことだと思います。

あなたは「外に出て行きたい」という気持ちをご両親に「伝える言葉」を探していらっしゃるのですが、これは少しへんです。どうしてかと言うと、《よく考えて出した決断》というものがあれば、それを言葉にして伝えることは、そんなにむずかしくないからです。思ったままのことを言葉にすればいいのですから。

ところがあなたは、その言葉が見つからないとおっしゃっている。それは、《よく考えて》ではなくて、あなたが「外で働きたいんだけど、どう言えばいいのかな」と、ずっと迷っていらっしゃるだけだからです。

あまりもったいぶったことを長く言っているのもよくないので、はっきり申し上げます。あなたは確かに、現在の実家での農業に不満を持ってらっしゃる。でもその不満は「農業がいやだから」ではないようで、更《さら》にあなたは「親孝行」です。あなたの不満は、この二つから生まれているように思います。どういうことかと言うと、あなたの不満は「農業をやること」ではなくて、「親の手伝いをしている」というところにあるのではないかと思えるからです。

あなたは、やるんだったら「自分が主導権を持ってバリバリと農業をやりたい」と思うような方で、それが出来るしそれが似合っているのだと、私は思います。でも、あなたは親孝行だから、「両親を押しのけて自分が主導権なんか握っちゃいけないんじゃないか？」と思ってらっしゃる。あなたの感じる言いがたい「不満」というのは、そういうところにあるんじゃないでしょうか？「自分が主導権を握ったら、両親を押しのけることになる。そうなったら悪いから外に出た方がいいんじゃないか？　家の手伝いだと、自分の力は一〇〇％出せてないような気がするんだよな。でも、それを言ったら、お父さんやお母さんに悪いから――」というのが、グルグルめぐりをするあなたの「迷い」なんじゃないでしょうか。

あなたはもう二十五で、外の社会も知っている大人なんだから、「親の手伝い」にとどまっている必要はないのです。あなたはご両親と一緒に働く、対等なパートナーなのです。ただご両親より経験が少ないから、自分から率先して動き出すというよりも、どうしても「両親の指示に従って動く」ということになりやすい。「自分を出せずにいる」というそのことが、つらくなっているのではないでしょうか?

農業をやる上で「よい子」になっている必要はありません。ご自分でも意思を出して、積極的に農業経営に参画するということをしなければ、おもしろいことはないはずです。あなたは「両親の農業を手伝っている」とお考えなのですが、「両親の農業」は「あなた自身の農業」でもあるのです。「家業を継ぐ」ということは、「これは自分のものだ、自分が主役だ」と捉え直すことでもあるのですよ。

お悩み

転職5社目。入って半年でまた転職を考えています。

回答

お辞めになるなら〝自分に合わなかったから辞めた〟とはお考えにならないように。なぜなら……。

●キャリアについて悩む男・事務職正社員・29歳・男性・東京都

今年30歳になる独身男性です。転職回数が多く、現職で5社目になります。最長で2年です。職種は営業、飲食、事務系とやりまして、続かない原因は人間関係や仕事での評価が得られず、適職は他にもあると考えたことが主です。そして、今年30歳だと思うと、地に足をつけなきゃと焦っております。

現職は司法書士事務所に勤めておりまして、転職して半年が経《た》ちました。事務所に転職した理由は、数ヶ月前まで真剣に付き合っていた彼女（約1年間の交際）の、ふらふらしてないで大型資格をとって安定したらとのアドバイスを受けて決意しました。結局彼女には価値観の違いで振られたのですが、事務的な仕事は自分にはマッチしないと感じ、今回の転職も失敗したかと落胆しています。理由は、書類作成上のミスが多くお客様や上司に信頼されていないことと、昔から長時間勉強できる性格でなく、資格取得は無理とあきらめてしまっています。

そこで、資格勉強をする気がないなら早く見切りを付けるべきだと悩むのですが、半年で転職を考えている自分に絶望しかありません。社会にでてから、主体的に働ける仕事を目指してきたわけですし、むしろあきらめずに他の仕事にもトライするべきでしょうか。それとも、今の事務所でいい加減頑張ったほうが良いでしょうか。

ただ、職場でも楽しくなく、さらにその後の余暇も勉強する生活が精神的に苦しいです。甘えでしょうか。根っからのダメ人間でしょうか。また、過去の職場での失敗の一つにプライドを捨てられなかったことがありまして、未《いま》だに頭で理解していても感情が抑えられません。例えば、怒られると否定された気分になりスネるとか、思い通りにならないと、やる気が起きないようなことです。どうすれば、この子供みたいな感情を抑えて、組織のために動ける人間になれるでしょうか。お手数ですが、ご回答頂けたら幸いです。

◎お答えします

まだ司法書士事務所に勤めておいででしたら、お辞めになってもいいんじゃないですかね。ただ、辞める前に「ここでのこの仕事は自分に合っていないが、一体自分はどんな仕事をすれば長続きするんだ」とお考えになることをおすすめします。もちろん、現在転職五社目のあなたですから、「自分の適性はなんだ？」ということをお考えになったことはあると思います。だから、今の会社を辞める時には、「自分に合わなかったから辞めた」という考え方をなさらないようにして下さい。あなたが転職を繰り返さなければならない理由は、「この仕事が、この会社が、自分に合うか合わないか」という考え方をしていたからです。

「もうそういう考え方をするのはやめなければ」とお考えになってお辞め下さい。重要なのは「合うか、合わないか」ではありません。「合わせることが出来るか、出来ないか」なのです。

表向き、世の中の勤め先は「あなたに合う仕事ですよ」というアピールの仕方をします。でも、まだ自分のことがよく分かっていない若い人間がいきなり出会える「自分に向いた仕事」などというものはないのです。服を買う時に「お似合いですよ」と言われて、自分でも「意外と似合ってるな」と思って買いはしたけれど、すぐに飽きてしまう。自分は飽きてはいないけれど、他人に「まだそんなの着てるの？　もうはやってないよ」と言われて捨ててしまうように、若い時は平気でグラつくのです。

グラつくのが悪いとは言いません。まだろくに始まっていない若い人は、変わるのが当然で、グラつくのも当然です。ただ、その「グラつく」を野放しにすると、無意味に転職を繰り返すことになってしまいます。子供じゃないんですから、「向こうの方からこっちに合わせてくれるのが当然」という考え方を捨てましょう。転職をせずに長続きをさせたかったら、「こちらからどれだけ合わせて行けるか」と考えることです。若くてすぐグラついてしまうということは、変化可能ということで、「合ってるかどうかよく分からない自分を、その仕事に合わせるようにする」という方向に持って行くのです。つまり、「合わせることが出来るかどうか」です。

ご自分でおっしゃっているように、《思い通りにならないと、やる気が起きない》ということを野放しにしていれば、ほぼ永遠に適職は見つかりません。妥協点を探る努力を放棄しているからです。

あなたは《どうすれば、この子供みたいな感情を抑えて、組織のために動ける人間になれるでしょうか》とおっしゃっておいでですが、その方法は一つで、その方法は簡単です。「これは子供みたいな感情だな」と思って、その感情を自分で抑えることです。

自分の感情は、自分で抑えるものです。自分で自分の感情が抑えられなくなって、他人になんとかしてもらうしかないということになったら、もう病気です。

でもあなたは、まだ病気ではないと思います。「自分というものは自分でコントロールするものだ」ということが、よく分かっていないだけです。「自分の方から合わせなくても、他人の方が合わせてくれる」という状態を長く続けていると、そういう状態になります。あなたはご自身で、《子供みたいな感情》とおっしゃっておいでですが、「自分でコントロールする」という発想が抜けていることが《子供みたい》のすべてです。

ただ、三十歳になるまでその状態を続けて来たということになると、そう簡単に「自分を抑えてコントロールする」ということが出来るようになるとは思えません。なぜそれが無理かというと、あなたが根本のところで「自分はたいした人間だ、そのはずだ」と思い込んでいるからです。だから、《怒られると否定された気分になりスネる》ということが起こります。そういうプライドだけが変に高い状態を「中二病」とか言うみたいです。今度なにかでグラッと来たら、「そうか、自分はまだ中二のメンタリティなのか」とお思いになるとよろしいと思います。具体的な判断材料があると、「ちょっと待て」という抑えの材料になると思います。

私が「辞めるのはいいが、どんな仕事なら長続き出来るのかを考えてから辞めろ」というのも、「ただやみくもに辞めて転職したって、また同じことになるだけだよ」という意味です。「どれだけ長続きが出来るか」ということは、「どれだけ妥協が出来るか」ということで、「妥協が出来るように成長しろ」ということです。

妥協を悪いことだと思うのも間違いで、妥協とは「別プランを用意すること」なのです。余裕がなければこれは出来ません。グラつく自分は「まだ成長の余地ある自分」です。そう考えないと《子供みたいな感情》から卒業は出来ませんよ。

そしてもう一つ。今のあなたに「自分はなにに合わせることが出来るのか」

ということは、簡単にお分かりにならないと思います。

転職し、新しい仕事に就いて、その中で少しずつ自分を合わせて行くということをしなければ、「合わせられるかどうか」の判断は出来ません。だから、今度転職しても、その職場にすんなり合わせられるとは、残念ながら思えません。あなたの盲点は、「自分がなぜ失敗したのか」というデータを集めずにいることです。なぜ盲点かと言えば、あなたは「自分のせいで辞めた」とは思わず、「向こうがこっちのために合わせてくれなかったから辞めた」という考え方をしているからです。だから、もう少し注意深くゆっくりと、「自分はここで失敗するな、衝突するな」と考えながら働くことをおすすめします。そうやって、「自分はどこで、なぜ失敗するのか」ということに関するデータをお集めになることです。それをクリアすることが《子供みたいな感情》から卒業することだと思いますよ。

お悩み

転職活動中ですが、家族の経済状況が悪化し私の支えが必要に。でも自分のしたいことも諦めたくありません。

回答

あなたに必要なのは〈転職〉よりも、ご自身のあり方に誇りを持つこと。

●佐倉弥・会社員・31歳・女性・東京都

転職を考えています。新卒から今の会社に10年勤め、この先の10年間、自分が本当にしていきたいことを考えた結果、転職に思い至りました。今は取扱説明書の編集の仕事です。文章を書くこと、モノづくりの仕事にはやりがいと満足を覚えていましたが、本当は説明書のジャンルにとらわれず、編集という仕事をいろいろ経験し、もっと広い分野に触れて一生続けられる仕事にできるよう深めていきたい気持ちがありました。

そのため、転職活動を進めている最中でしたが、兄がうつ病になり仕事を辞めてしまいました。現在、我が家は両親が定年を迎えたため、兄と私の2人でローンを払っている状態です。両親も、再任用の形で職についていますが、現役のときほど稼ぎはありません。兄が仕事に復帰するまでの間、私と両親とで賄っていく必要がありますが、転職するとなると、私の年収が下がる可能性はおおいにあります。

家族のために自分を犠牲に……という考えでは毛頭ありませんが、ここまで共働きで育ててきてくれた両親に必要以上の負担をかけたくない気持ちがあります。かといって、職を変わるなら今、という強い思いもあり、自分のしたいこと、するべきことについて悩んでしまいました。自分の人生に対する考え方について、何かアドバイスをいただけますとうれしいです。どうぞよろしくお願いいたします。

◎お答えします

お尋ねの件に関して、一つだけよく分からないことがあります。それはあなたの《職を変わるなら今》というところです。どうしてそのことを強く思われるのかがよく分かりません。お尋ねの内容からして、あなたが現在の職業にやりがいを感じられなかったり、収入に不満をお持ちとも思えません。おまけにお兄さんがうつ病になられて仕事を辞められ、一家の経済基盤が危うくなりかけておられます。「だからこそ、年収を上げるために転職を」という考え方になるのなら分かりますが、あなたご自身は、転職による収入減を予期しておられます。それは「苦しい状況を打開する」とは反対の方向です。ですから私は、「どうして職を変わるなら今なんだ？」と思います。

あなたのご相談を見て、私は初め「夢を追いたい男の人なんだな」と思ってしまいましたが、よく見ると女性のご質問で、年齢は31歳でした。だとすると、《職を変わるなら今》と強く思われるのは、30歳を過ぎてしまったからということなのでしょうか？「その年齢になったから、年収を下げてでもワンランク上を目指したい」ということなら、ご自身の家族状況をまず先にお考えになるべきかと思います。

あなたがどういう方向へ転職を目指されているのかよく分かりませんが、つまりは、普通の出版社に入って、雑誌や単行本の編集をしたいということでしょうか？　編集者志望なら、その辺りのことをまず明確に書けるようにしていただきたいと思います。

既に《転職活動を進めている》ということなので、出版業界の状況はうすうす以上にお分かりかもしれませんが、この業種はアベノミクスとは無縁です。「本が売れないから出版点数を多くしなければ」という、なんだかよく分からない理由でやたらと働かされている人が多くいます。儲《もう》からなくて仕事量が多いから、少しは人を増やしたいのだけれど、それだけの予算がないから増やせないという会社はザラにあります。商売にならないという理由で、町の本屋さんはバタバタと店を閉めていきます。私自身は、後何年かで出版という業種はなくなってしまうか、その業態を大きく変えて、今の出版とはまったく違うものになってしまうのではないかと思っています。出版の未来に明るい展望を持っている人が、どれだけいるのかは分かりません。有名な出版社だって、いつ潰れてしまうかは分かりません。会社を成り立たせるために、砂を噛《か》むような思いで仕事を続けている若い編集者は、いくらでもいます。《転職するとなると、私の年収が下がる可能性はおおいにあります》と言われるのは、その辺りの状況すべてを踏まえてのことだと思いますが、その上で、「なぜ転職するのなら今」なのでしょうか？

「夢を追いたいから転職する」のだとすると、その転職が「夢」に値するのかどうかは分かりません。「夢」と思っている限りは、リスクが大きすぎるように思います。

現在のあなたは、ご自分の職業に格別の不満をお持ちではありません。あなたに必要なことは、転職より、ご自身のあり方に誇りを持たれることだと思います。あなたは、十分にご家族のことを考えておいでです。それなのに「家族のために自分を犠牲にするつもりは毛頭ない」とおっしゃって、ご家族の不幸を逆に転職の動機に転化させるような、不思議な考え方をなさっておいでです。

あなたのご不満は、「なんだか分からないけど、31になってこのままじゃいやだ」という質《たち》のもののようにも思われます。「私はそんなに悪くない。私のしていることには意味があって、十分な社会貢献につながっている」とお考えになって、そういうご自身に誇りを持たれることが、転職以前の大事なことのように思われます。

親子・兄弟について

お悩み

母親に逆らわずに育ちました。年に一度でも実家に帰省するのが憂鬱です。

回答

「お母さんが嫌いだから私は帰らない！」と電話でぶちまけるべき。

●とさか・主婦・40歳・女性・青森県

実母のことで相談します。私は子どもの頃から、母親に逆らわずに育ちました。進学も就職先も言われるがままです。帰りが遅くて気に入らないという理由で、気に入っていた勤め先をやめさせられ、親の見つけてきた会社に転職させられたりもしました。

私は結婚して現在は遠方に暮らしています。帰省するのは年に1～2回がやっとです。JRで5時間ほどかかる距離です。主人はとても優しい人でおおかな性格です。安定した職業にもついています。私が唯一自分で決めたのは結婚相手だけです。実家にいた時は母親の顔色を窺《うかが》いながら生活していましたので、毎日はとても快適です。

母親は私の主人のことを気に入らないようで（実家から遠方に就職したから）罵詈《ばり》雑言《ぞうごん》を浴びせます。私も実家から逃げたと思われたのか、母方の祖父が亡くなった時、産後で帰省中だったのですが「お前が代わりに死ねばよかった」と何度も言われ続け、ウツっぽくなってしまいました（今思えばさっさと帰ればよかったです）。父親は主人を気に入っているのですが、母の報復が怖いのか庇《かば》ってくれません。

実家には35歳独身の弟がいますが、200万ほどの遊興費の借金を即、肩代わりしたりして、両親は可愛《かわい》いようです。

私も言うことさえ聞いていれば、愛情をもらえましたし学校も行かせてくれました。そのことには感謝しています。でももうこんな実家に帰省するのは年に一度でも憂鬱なのです。最近は帰省することを考えるだけでも気分がふさぎ、毎日鬱々としています。

今年のお盆には私の子どもたちだけで実家に行かせました。孫は可愛いようです。その際、なぜお母さんは来ないのと聞かれたみたいです。母親の時折見せる悲しそうな顔を思い出すと、本当は私だけでも子どもたちと帰省して顔を見せた方が良いのかなとも思います。でも、実際帰省すると主人の悪口ばかりで気が滅入ります。意見すると逆切れします。でも、もう主人への悪口は聞きたくありません。

それでも年に数回のことだから我慢して行った方が良いのでしょうか？　両親からすると、遠くに住む私たちは親不孝だといいます。

◎お答えします

お悩みのこととお察しします。どうすればいいのかと言うと、お子さん達だけを行かせて、あなたは実家へ帰らなければいいのです。お子さん達を行かせる前に、電話を入れて「私は行きたくない」とはっきりお母さんにおっしゃるべきです。

そうすると「なぜ？」という問いが向こうから返って来ます。「お母さんが嫌いだから私は帰りたくない」とおっしゃるべきです。そうするとまた「なぜ？　なに言ってるのよ！」という声が返って来ますから、「だってお母さん、私の彼が嫌いでしょ。私のことを幸福にしてくれる人の悪口を聞かされて嬉《うれ》しいわけなんかないんだから、帰らない！」とおっしゃればいいのです。そうすればお母さんは本格的に騒ぎ出して、「なに言ってるのよ！」から始まるわけの分からない話をし始めようとしますから、そうなる前にすかさず、あなたが思いつく限りの「いやな記憶」をぶちまけるのです。

「あの時はああだったから、私はすごくいやだった。それだけじゃなくて、こういうこともあった。あれもいやだった。これもいやだった」と、「お母さんは自分勝手にいろいろなことを私に押しつけた」という、思いつく限りのエピソードを、ランダムに、感情が暴発したように言い続けて、お母さんには「あんたなに言ってんのよ！」や「だって」以外のことを言わせないようにして、言うだけ言って一方的に電話を切ってしまうのです。

あなたのお母さんは、娘のあなたが前から怒っていることを知りません。ただ「バカな娘だから私の言うことが聞けない（時もある）」と思っているだけです。あなたのお母さんは、自分の都合だけを考えて、娘であるあなたのことなんてなんにも考えていません。考えているのは、「娘は私に尽くすためだけに存在している」です。そういう考え方をして、なにをどうとち狂ったのか、「私は別に間違ってなんかいやしない」と思い込んでいます。だから、「それは間違っている。私は被害者で、ずーっといやな思いをし続けて来た」と、一度はっきりおっしゃった方がいいのです。

あなたのお母さんは、専制的な独裁者です。多分、外面《そとづら》だけはすごくよくて、ご近所の評判は悪くないでしょう。その分、家族に対して強圧的で、あなたのお父さんを黙らせてしまった後で、弾圧はあなたの方にもっぱら来てしまったのでしょう。どういう根拠があるのか知らず、あなたのお母さんは弟さんのことだけを「有望だ」と思って可愛がって、現在なおも彼をだめにし続けつつあるようです。その内に弟さんが困った問題を起こして、そのとばっちりがあなたのところに飛んで来る可能性があります。そうならないように、今の内から「お母さんが悪い、私はお母さんが嫌いだ」ということを言っておくようにした方がいいと思います。

それに関しては、実家との距離があることが幸いします。あなたが一方的に電話で非難しまくり、その電話を切ってしまえば、あなたのお母さんは、「なに言ってんのよ、あの子は？」と思って怒りながら、すぐ忘れてしまいます。自分に都合の悪いことを長い間自分の頭に入れておくのは、人間にとっていやなことなので、その「ムカつく問題」の解決法として、お母さんは「なかったこと」にして忘れてしまうのです。それを思い出して、自分から電話を掛けて来るのだったら、「あれは娘のせいじゃない。娘は悪い男に騙されているのだ」と考えてのことですから、その時は「彼は関係ない。私がお母さんを嫌いで、ずーっとそのことを我慢していたから、今はっきり言うのだ」と迎え討って、たとえ同じ話でも「あの時こうだった。それがいやだった。こういうこともあった。それもいやだった」という話を繰り返して下さい。

あなたのお母さんは、「娘の都合や気持ちを考えなかった」とはまったく思っていません。「私は娘のためによかれと思っていた」としか考えていないので、「娘に嫌われる理由はない」と思っているのですから、「そうじゃない！　あなたは娘の気持ちを考えないいやな母親で、それは今も変わっていない」ということを教えるつもりで、何遍も言った方がいいでしょう。犬のしつけと同じです。

相手は「なに言ってるのよ！」と怒り、時には「なんてひどいことを言うの」と泣き落としにもかかるでしょう。外面のいいお母さんにとって、そんなことは簡単極まりないテクニックです。魔女の呪いを解くには、「相手の言うことに耳を傾けない」ということが必要です。「そんなこと言ったって、私、騙されないわよ！」と毅然とした態度を取りましょう。こういうことを言うとあなたはショックを受けるかもしれませんが、四十年間、母親の言いなりになり、それを許して来たあなたは、四十年間母親を甘やかし続けたのと同じなのです。あなたが「なんでも言うことを聞く娘」を演じ続けたおかげで、あなたのお母さんは「この娘はなんでも言うことを聞く娘だ」と思い込んでしまったのです。

気の利いた子供だったら、もっと早い段階で反抗的になって、「悪い親の改善」を図ったりするのですが、あなたはグレることなく、結婚までずっと母親を増長させて来たので、お母さんには自分の加害者性がピンと来ないのです。近くに住んでいれば反撃もひどくなりますが「JRで五時間」の距離ならその心配もありません。どうぞ何遍も同じ話を繰り返して、お母さんが「分かった」とは言わぬまでも、黙るまでは続ける必要があるでしょう。犬よりも理屈を言う分、母親のしつけは大変です。

お悩み

母の再婚相手をどうしても受け入れられません。

回答

あなたの悩み方は〝子離れできない親〟と似ています。

●あお・学生・22歳・女性・埼玉県

母の再婚が許せません。私の両親は高校生の時に離婚し、私は母に引き取られました。最近、母が再婚するといい、その相手は以前から知っている人なのですが、過去に母と警察沙汰になるほどのトラブルがあり、それに巻き込まれた私は生理的に相手の人を受け付けられません。

母は色々とあったからお互いをよく理解している、歳をとって今後が不安だから再婚したいと言っています。50歳を過ぎた母が私や祖父母の家計を支えるために昼夜働いていて、とても辛い思いをさせていることはわかっています。しかし、生理的に受け付けない人と再婚することを受け入れることができず、私の中で母に捨てられてしまった気がします。

私は現在は学生ですが、来年から社会人となり、その後は母を支えていきたいと思っていましたので、信頼されていないのかと思い、とてもショックです。

母のことを考えると、再婚してもらうことが一番ですが、どうしても相手を許すことができません。どうしたら、母の再婚を心から受け入れられるでしょうか。

◎お答えします

《どうしたら、母の再婚を心から受け入れられるでしょうか》とお尋ねですが、それは無理だと思います。その理由を私が申し上げなくても、あなたご自身が《生理的に受け付けない人と再婚することを受け入れることができず》とおっしゃっています。「生理的に無理だから解決出来ない」というわけではなく、そういうものを解消するには時間がかかるというだけです。今すぐの解決は無理で、《母のことを考えると、再婚してもらうことが一番です》とあなたがお考えなら、時間をかけて徐々に再婚相手のことを受け入れて行くしかないと思います。

その再婚相手の方と《警察沙汰になるほどのトラブル》があったということで、それがどうなっているのか気にかからなくもありませんが、あなたのお母さんが《色々とあったからお互いをよく理解している》とおっしゃっているのなら、もうお母さんにお任せするしかありません。なにしろもう、五十歳を過ぎた大人なのですから。

ただ問題は一つあります。それは、あなたの「居場所」です。再婚したお母さん夫婦と同居して、いいことはないと思います。《生理的に受け付けない人》と毎日顔を合わせるようになって、その人が好きになれるとは思いません。逆に、嫌悪感が増すだけです。ことにその相手は、あなたの好きなお母さんと仲良くなるのですから、その様子を日常的に見ることになったら、「嫉妬」という要素も加わります。そこで提案というのは、来年から社会人になるあなたが、それをきっかけにして、家を出られたらどうかということです。独立して、あなたのお母さん達とは距離を置き、その距離の中で《生理的に受け付けない人》に少しずつ慣れて行くことです。

あなたは「まさか――」とお思いになるかもしれませんが、あなたの悩み方は「子離れの出来ない親」に似ています。「息子は、娘は、私の目から見たら問題のある相手と結婚しようとしている。私には〝大丈夫だから〟と言うが、私はあんな相手と一緒に暮らしたくない。今まで大切に育てて来た子供を、納得のいかない相手に取られてしまいそうな気がして、とても落ち着かない」と言うような親御さんです。

そういう愚痴や悩みを聞かされたら、「そんなことでぐずぐず言わずに、若い人に任せればいいのに」とは思いませんか？　「そんな気にいらない相手と一緒にいたってうまくいくわけないいんだから、結婚を機会に別居しちゃえばいいじゃないか」と思いませんか？　親と子の立場が逆転している他人事なので、あなたは「そんなことはない」と思われるかもしれませんが、あなたの悩み方は、「子離れの出来ない親の悩み」と同じ質のものなのです。

あなたのお母さんには「お母さんなりの人生」があるわけで、お寂しくはあろうとは思いますが、社会人になるのを機会として、独立を果たされたらどうでしょう？　もしかしたら、あなたのお母さんの方も「もう娘は大学を卒業して一人立ちをするから、私の方も再婚を考えてもいいんじゃないか」とお考えになったかもしれません。

お母さんの幸せを考えながら、あなたはあなたの人生を考えて、そのことが新しいお父さんを受け入れる道につながるのではないかと思います。

お悩み

43歳無職の弟。職探しをする気配もなく、家族で持て余しています。

回答

弟さんに手紙を書かれては。ただ、「このままではだめになる」は禁句です。

●ぶぅこ・会社員・45歳・女性・東京都

2歳下の実弟についての相談です。彼は現在無職です。

4年前まではＩＴ関係の開発の仕事をしておりましたが退社しました。理由は明確には分からないのですが、恐らく仕事がキツいことや人間関係だと思います。その後別の会社を探すのかな……と思っても一向に気配はなく、聞いても「分かってる」とだけ。過去に「いついつまでに、就職する」と約束したことも何度かありましたが破られてしまいます。

ハローワークにも行こうとせず、こちらが就職の資料を渡してもサラッと見ただけ。社会保険もそのままで見かねて母親が支払ってしまいます。

追い出すことも考えましたが、両親は「そんなことをしたら余計ダメになるから、きっちりとした生活をさせつづけないと」と言い、未だに実家で万年床のなか、ＰＣを朝から晩までやっています。一度3カ月だけ前にいた会社で働きましたが、契約の際に条件を出したようで、更新の際にその条件が遵守できないためお断りしたようです。

彼の性格では他人に心を開くということがありません。たわいもない会話には応じますが肝心の話をしようとすると貝のように口を閉ざします。優しいところはあるのですが、嫌なことがあっても限界まで内に秘めているタイプのようで、我慢できなくなるといきなり会社に行かなくなるといったこともありました。

現在、年金暮らしの両親が弟を食べさせていて、私も毎月少ない金額ですが仕送りしております。40代でこの世の中就職したくても難しいのに、ちょっと腹立たしい気持ちです。と同時に彼がどのように考えていて、どのように接したらよいのか分かりません。何かアドバイスをご教示頂けますと幸甚です。

◎お答えします

さぞやさぞご心配でしょう。ご心労のほど、深く深くお察し申し上げます。ご両親が「きっちりとした生活をさせないと」とおっしゃるのはもっともですが、それで弟さんを実家に置いて《万年床のなか、PCを朝から晩まで》というのは、とても「きっちりとした生活」とは申せません。でも「子供に甘いのは親の常」というのは江戸時代から言われていることで、そうなってしまうのも仕方のないことだろうと思います。しかしだからと言って、このまま放置しておいてよいはずがありません。それであなたのお働きが必要になるわけです。

弟さんは、あなたがおっしゃる通りの方でしょう。でも弟さんは、「自分に欠点がある」ということを自覚しているのです。だから、《たわいもない会話には応じますが肝心の話をしようとすると貝のように口を閉ざします》になるのです。自分にとって都合の悪いことを突《つつ》かれたくないのです。

弟さんは決して「働きたくない」という方ではないでしょう。ただ人間関係が苦手で、「職場に慣れる」ということがしにくいのでしょう。基本がそうであるところに仕事が忙しくなって来ると、なんとか我慢していた人付き合いをする気力もなくなって、ポッキリ折れるように仕事を辞めてしまわれたのではないかと思います。仕事というのは、パソコンを使ってネットにアクセスするのとは違う、生身の社会参加だということを、頭では分かっていても、我がこととして実感することが出来ないのでしょう。実感するためには、現実社会である「仕事の現場」に身を置くことに慣れるしかないのに、「それをしなければいけない」ということを十分に呑み込んでおられないので、「すぐに会社を辞めてしまう」ということになってしまうのでしょう。

おそらく、あなたの弟さんは今私の申し上げたことのかなりの部分を自身でご理解になっていると思います。しかし、その理解は断片的で、だからこそ

「そのまんまでいるとやばいことになる」という答が出て来ません。あるいは、「このまんまでいるとやばいことになるな」とは思っていても、「どうしたらいいか分からないからこのまんま」になってしまうのです。

弟さんの最大の問題点は、「最初にクリアしておくべきことをしていないので、その後が始まらない」というところにあります。「最初にクリアしておくべきこと」がなにかと言えば、「自分の外側にある社会のあり方に慣れる」です。慣れることが苦手な人は、自分の不器用さを棚に上げて、なんだかんだケチをつけます。そうやって、自分の出来ないこと、自分がするべきことをしないでいることを正当化します。そしてまた、「自分とは違う基準で出来上がっているもの」をなめてかかって、「慣れるなんて簡単じゃん、そんなのすぐに出来る」と思い、ちょっとでも乗り越えられないものに出合うと、これまたなんだかんだ理由をつけて投げ出してしまいます。「適応しなきゃいけないんだから、適応出来るまで頑張らなければならない」という、根本ルールが分かっていないのです。

「自分とは違う基準で出来上がっている世の中と合わせるためには、まずそれに慣れなければいけない」ということが分かっていたとしても、分かっているだけで「慣れる」ということをクリアしていなければなんにもなりません。大変なことは、「言って聞かせる」だけではなく、「自分の頭で分かって、自分の体でそれをやってみよう、やるしかないんだ」と思わせることです。

そこで、やっと「どうすればそれが可能になるか？」です。

ご提案ですが、弟さんに手紙を書かれたらどうでしょう。今私の言ったようなことを弟さんに直接言われても、反発されるか、貝のように固く口を閉ざされるかのどちらかでしょう。弟さんだって、「このままでいい」とは思っていないはずです。「このままでいいとは思っていないが、どうしたらいいか分からない」――あるいは「やらなきゃいけないことに対して出来る自信がないから、すべてをペンディングにしている」という状態でいるはずです。だから、直接にではなく、間接的にそこへ働きかけるのです。そのためには、「手紙書いたから、これ読んで」と言われて弟さんに渡されるのが一番のような気がします。そして、その手紙の書き方です。

まず、「このままではだめになる」なんてことをいきなり書かないで下さい。「このままではみんなにとって大変なことになるのではないかと私は思っています」程度に、やんわりと最後に付け加えるようにして下さい。それから、「私はあなたのことが分かっている」と書くのも、弟さんのプライドを刺激するから、避けて下さい。書くべきことは、弟さんに対するお説教や忠告がましいことではなくて、姉であるあなた自身のことです。あなた自身の体験として、「働くことは私にだって大変だったけど、私はなんとかしてその状態をクリアしたんだから、あなただって出来ると思う」ということを書かれるべきです。そして、弟さんは「その初めの一歩」でつまずいているのですから、そこに届くように姉弟の「昔のこと」を書かれるのがいいと思います。

必要なのは、弟さんが現在の閉塞状況から抜け出すことで、ご姉弟の「昔のこと」は、「もう一度、出来るところからやり直す」というための足掛かりになるのではないかと思います。そうしておいて最後に、「お父さんやお母さんだって、本当はあなたのことを心配してるんだから、もう一度、少しずつでもやり直そう」と書き添えられたらどうでしょう？　「あなたがやれ」ではなくて、「一緒に頑張ろう」です。実のところ弟さんは、「一緒に歩き出してくれる人」を求めているのではないかと思われるので、そう申しました。

お悩み

頑固な娘が心配。理詰めで親を責め立て、聞く耳を持ちません。

回答

ひとりごとをご活用ください。

●とらとら。・自営・44歳・女性・大阪府

大学1年生の娘のことです。

うちは3人きょうだいで、娘は長女で一番上、下に弟が2人です。娘は小さな頃から利発で素直でしたが、頑固で融通の利かない子でした。また、変に真面目で正義感が強くて、冗談の通じない子でした。成長と共に社会に揉まれて少しずつ空気を読める子になるかと思いきや、今でも治ってませんし、ますます理屈っぽく女性らしい可愛らしさがないのです。なので医学部という男所帯にいるにもかかわらず誰からも告白されることもなく、クリスマスは夕食を自宅でとる始末。お友達は合コンに行っているけど自分は誘われなかったと、さほど寂しそうでもなく話していました。

最近そんな娘を見ると、私の育て方が間違っていたのかと悩み、時には娘との会話で理詰めで責め立てられると涙が出そうになります。主人ははじめは

「気にするな」と言ってましたが、娘があまりに女性らしくなく雑なので、最近は心配しています。

どんな言葉で娘に今の娘の悪いところをわかってもらうように言えばいいのか毎日考えていますが、うまい言葉が見つかりません。どうしたら、理詰めで責め立て、頑固に自分の信念を曲げない娘に、もっと丸くなる方が良いとわかってもらえますか？

◎お答えします

かなりお若い段階でご結婚をなされたようですが、そのあなたの十代の頃、ご両親に対して反発なさったことはありませんか？　もしかしてあなたにはそういう時期がおありではなかったのかもしれませんが、大抵の人間にはそういう経験があります。親がなにかを言う。子供のためだと思ってのことで、言われる子供の方もそれは分かっています。分かってはいるけれど、「そう言われたって、そんなこと簡単に出来やしないよ」と、自分の基準に引きつけて思います。だから、「分かりきったこと言うんじゃないよ！　こっちだって分かって、なんとかしようとジタバタしてるんだから、そこにイラつくようなことを言って来んじゃねェよ！」と思って反発してしまうのです。誰しもというわけではないのかもしれませんが、圧倒的に多くの人にこのような親への反発経験があるはずで、成長途上の人間としては当たり前のことです。

「自分で自分のことをなんとかしようと思っているのに、その力が足りなくてどうにもならない」――そう思っていて、そのイライラを人に見せてもどうしようもないということも分かっているから、自分一人で抱え込んでなんでもないような顔をしている。そこに「あんたどうなってるの？」という親の声が聞こえて来れば、「うるさいな、分かってるのになに余分なことを言ってるんだよ！」という気にもなります。お宅のお嬢さんが平然としているのも、そういうことかもしれません。あなたのご主人が初めの内は「気にするな」とおっしゃっていたのも、ご自分の中に「親に反発した過去の経験」を見てらっしゃるからではないかと推量いたします。

娘さんは娘さんなりに、なんとかしようと思ってらっしゃるんだと思いますよ。そして、自分の問題は自分でクリアしなければだめだと思っていて、それはその通りなんですね。でも、「自分でなんとか出来るはずだ、なんとかなるはずだ」と思っていても、そうそううまくはいかない。だからこそ《女性らしくなく雑》というようなことになってしまうのかもしれません。

それでは一体、娘さんはなにを悩んでいるのでしょうか？　あなたは単純に「男友達がいないからだ」と思い込んでいらっしゃるかもしれませんが、若い頃の「思い通りにならなくてイライラする」は、そんなにすっきりした単純なものではありません。若い頃の最大のイライラは、「自分がなんでこんなにイライラしているのかが、自分でもよく分からない」というところにあるのです。

そういうものだから、もう少し娘さんを放っておいて、少し距離を置いて見守るしかありません。

あなたのお嬢さんが《理詰めで責め立て、頑固に自分の信念を曲げない》という状態になっているということは、「自分で自分が思い通りにならなくてもどかしい」と思ってイライラしているからです。そこであなたがなにかを言えば、「うるさいな！　私は分かってんだから余計なことは言わないで！」になって、あなたの目から見れば《理詰めで責め立て》というような反撃をすることにもなってしまうのでしょう。

娘さんをイライラさせる最大の原因は、あなたにとっては心外と思われるかもしれませんが、実はあなた自身にあります。あなたのお嬢さんの年頃に、あなたはもう「自分の結婚相手は決まっている」というような状態に近かった——そのご自身のありようをモノサシにして、「あんたは私と違う、あんたには問題がある」という押しつけを無意識の内にしてしまっているのです。

あなたのご心配はごもっともでもありますし、あなたのアドヴァイスも娘さんには必要ではあろうかと思いますが、あなたのお嬢さんには、それを聞こうという態勢が出来ていません。だから喧嘩《けんか》になるのです。

聞く耳を持たない娘にどうすればあなたの声を聞かせることが出来るのか？　お嬢さんの反発は、「また私になんかうるさく言って来る」というところに最大の原因があると思われますので、そのイザコザを避けるためには、「直接言わないように言う」というように方向を変えることです。つまり、「娘に言っているのではなく、私はひとりごととして言っている」というように変えるのです。

それがお嬢さんの耳に入って「なんか言った？」というような言葉が返って来たら、「なんにも言ってないわよ」ととぼけることです。それはつまり「相手の反論を聞かない」ということでもあります。

あなたのお嬢さんは、頭のいい方でもあります。だから、自分にとって必要な言葉は自分で拾います。そういう相手だから、押しつけるのではなく、「あんたに必要なものはここら辺に置いとくから、要る時になったら拾ってね」というつもりで、愚痴ではなく、「いつか役に立てばいいな」とお思いになってひとりごとを残されればいいのです。

「そんな悠長なことをして手遅れになったらどうしよう？」とお思いかもしれませんが、手遅れになった時には、娘さんが明らかにジタバタしています。そうなった時に、「だから私は言ったでしょう」と、「過去のひとりごと」を持ち出せばいいのです。あらかじめ耳には入っているはずのことを改めて持ち出されて、お嬢さんはハッとして、あなたのアドヴァイスを聞き入れるようになるはずです。そのために、今の内に「ひとりごと」の種をまいておかれるべきかと思います。

将来、あなたのお嬢さんがあなたの想像もしないような形の幸福をつかまえて、あなたの心配が無駄になってしまうことだってあるかもしれませんが、親として「娘のためのひとりごとの種まき」は必要なことなんじゃないかと思います。

お悩み

脳梗塞で倒れた父。麻痺が残り時々ピントがずれたことを言います。意気消沈する父を元気づけたいのですが。

回答

元のお父さんになるように頑張っては逆効果。

●avocado・会社員・38歳・女性・東京都

脳梗塞《のうこうそく》で倒れ高次《こうじ》脳機能障害と対峙《たいじ》する父の件です。リハビリはうまくいき、寝たきりから、普通に歩ける生活に戻りました。しかし、大好きだった車の運転や料理、ギター演奏は左手の麻痺《まひ》のためできません。時々ピントが合わないことを言ったり、何階にいるか空間の概念が微妙だったり、カレンダーが読めなかったりもします。周りは、以前の父と違うものですから、ついつっこんだり悲しくなったりしてしまいます。

もう一つ、父の楽しみは同窓会に行くことでしたが、以前の明るくて皆の中心的存在だった父が少し変わったことを皆が悲しそうにして戸惑っているようだから「行きたくない」と言い出し、周囲との交流も断ってしまいました。父が前を向き、外の世界で人目を気にせず楽しめるように、どのような言葉をかけてあげたらいいのでしょうか。ギターをもう一度弾いてみせるというような強いやる気を持ってもらうにはどうしたらいいのでしょうか。周りにできることをご指南ください。

◎お答えします

「脳梗塞の後遺症による高次脳機能障害」とのこと、さぞご心配とは思いますが、お父様のことを考えるためには、病気のことをひとまずお忘れになるのがよろしいかと存じます。

お父様のお年が書かれていませんが、三十八歳というあなたのお年からすると、六十代の後半から七十代だと推察されます。あなたはそのようにお思いではなく、お父様もおそらくはそのようにお思いではないでしょうが、お父様のその状態は「突然老いに見舞われたことへのショック」ではないかと思われます。竜宮城から戻った浦島太郎が玉手箱の蓋《ふた》を開けたら一気に年を取って、その自分に驚いて腰を抜かしたということに似ているような気がします。

今では、六十や七十はそう年寄りだとも思われません。でも、人間は少しずつ年を取ります。脳梗塞で倒れられる前のお父様も、その年齢とは関係なく元気にお過ごしだったのでしょうけれども、老いというものは少しずつ蓄積されるものです。だから、「まだまだ大丈夫」とおっしゃりながらも、少しずつ無理をしていらした――無理はしていても、格別苦にはならないから、平気で「若いまま」でいらっしゃれたのだと思います。

ところが、高次の脳機能障害は、「まだまだ大丈夫」と思って老いを追い払ってしまう力を失わせてしまったのです。それでお父様は、いきなり思ったこともないような「老い」に直面してしまったのです。お父様の精神的な変化の原因は、このことにあるように思われます。だから、対処法は「慣れない老いを認めさせてあげる」という方向にしかないように思われます。

「寝たきりから、ゆっくりながら歩けるようになった」というところで、「病気からの回復」はゆるやかながら実現されています。それであなたは「だからその先、以前のような父に戻って――」と思われるのかもしれませんが、それは容易ではありませんし、おそらく無理です。お父様がこの後もリハビリを続けられて回復の度合いを増されることはあるでしょうが、そのゴール地点は「元の元気な父」ではなく、「老いて元気な父」です。

お父様の鬱《うつ》状態は、「もう以前の自分には戻れない」とお考えになっていることが大きく原因していると思われるのですが、それは、「病気によって元に戻れなくなった」だけではなくて、「老いた自分に気がついた」からです。だから、「元のお父さんになるように頑張って」と励ますのは、逆効果です。それをすると、お父様の中の「元の自分に戻れないだめな自分」と思う部分を刺激するだけです。お父様が突然「老人」になってしまったことを直視されるのはおつらいかもしれませんが、それはお父様にとっても同じはずです。

「お父さんはもう年なんだから、頑張っても無駄よ」とは言えないでしょうが、今のお父様に必要なのは、年を取ったことを認めて慰めてあげる言葉でしょう。「お父さんはつらいかもしれないけど、私はお父さんが立って歩けるようになっただけでも嬉しいの。だから無理しないで。お父さんが無事でいてくれるだけでみんなは安心するんだから、無理したり、がっかりしたりしないで」と、声を掛けてあげるのはどうでしょう？　たとえあなたが「よかれ」と思われても、過剰な期待はただでさえつらいお父様を苦しめるだけのように思われますが。

生き方について

お悩み

中卒ですが高卒と偽りながら職を転々。子供に胸を張って学歴を語れず情けない。

回答

お子さんに語るべきは学歴じゃなく、あなたの人生、そのリアリティです。

●ゆきひろ・会社員・44歳・男性・東京都

昭和45年生まれの既婚妻子あり、男性です。

まず最大の悩み、コンプレックスが学歴問題です。

現在、建設業界でいわゆるブルーカラーをしながら家族をなんとか養っています。いまの会社は3年目で高校卒業として入社しましたが、実際は中学卒業の学歴しかありません。詐称の十字架を背負いながら、いままで数々の会社で転職を重ねてきました。

その度に声を大にして、自分は中卒だけどなにか？　と言いたい自分がいます。

自分で社長をしているとか、職人であれば堂々と言えると思うが、自分には何もありません。いまの仕事でも気持ちは変わらないでしょう。なにより子供に胸を張って語ることができないのが情けなく辛いです。いま英会話をガムシヤラに勉強し、バイリンガルになれればと夢みていますが、程遠いです。どうしたらいいのか……。

◎お答えします

ご相談の内容で少し分かりにくいところがあります。「詐称の十字架を背負いながら転職を重ねてきた」というところですが、それは「学歴詐称がバレて会社を辞めざるをえなかった」ということなのでしょうか？　だったら、そんなことでクビになるのはバカらしいので、学歴に関しては「高卒」で通しちゃえばいいじゃないですか。医師免許がないのに人の命を預かる医者をやっているのとはわけが違いますし。

そうではなくて、「学歴を詐称したままこの会社にいるのがつらくて、辞めざるをえなかった」というあなた自身の内面の問題だったら、そんなことは気になさらない方がいいと思います。だってあなたは、《自分は中卒だけどなにか？》と思っていらっしゃるわけでしょう？　「学歴とは関係なく、自分は与えられた仕事をちゃんとこなしている」という自負心がおありだからそう思えるので、だったらそれは会社の中の「腕のある職人」と同じということですから、別にコンプレックスをお持ちになる必要もないと思います。

実は、私の死んだ父も中卒です。正確には大正生まれなので「高等小学校卒」です。当時の学制は、現在の小学校に当たる尋常小学校があって、その上に現在の中学校に当たる高等小学校があるというものでしたので、「高等小学校卒」の父は中卒と同じです。

私の子供時代、学校から調査票が渡されて、家族構成や親の年齢、職業、学歴まで記入させて提出させられていました。だから私は、父親の学歴が「高等小学校卒」だということを知っていたのですが、毎年提出させられていたその調査票の父の学歴が、中学の終わり頃から「海軍経理学校卒」に変わりました。

父親は、海軍に入って経理の勉強をしたんだと言ってましたから「海軍経理学校卒」は嘘《うそ》ではないでしょうが、だったらその以前に言っていた「高等小学校卒」というのはなんだったのでしょう?

父は、自分と同じような学歴の作家の吉川英治や植物学者の牧野富太郎が文化勲章をもらったというニュースを知って、「小学校しか出てないのにえらいもんだ」と言っていましたから、「高等小学校卒」であったことは間違いがありません。

それをどうして途中から「海軍経理学校卒」に変えたのかといったら、多分、恥ずかしかったからでしょう。私の父親は小さいながら人を使う会社の社長をやっていました。ただの個人商店がいつの間にか会社になって、「社長」と言われるようになったのですが、その会社が順調に大きくなって行く時期、父親は学歴を変えたのです。「社長なら中卒を堂々と公言出来る」というのは、あまり正確ではないように思います。うまく行ったら見栄を張りたがるというのが人間でもありますから。

私がなんでこんな余分なことを申し上げるのかというと、あなたが「子供に胸を張って語れない」とおっしゃっているからです。

父親の学歴が中卒だと知って、お子さんはショックを受けたりするんでしょうか？　ショックを受けるんだったら、それはお子さんの方の「事情」で、そんなことは無視して、「俺は中卒だ」と胸を張っておっしゃればよろしい。なにしろあなたは、《中卒だけどなにか？》とお思いなのですから、「思っているけれど言えない自分」とさよならをするために、まず《中卒だけどなにか？》をおっしゃってみたらどうでしょうか。

高等小学校卒の父親を持った私の祖母（母方）は尋常小学校卒です。そういうもんだと思っていたので、「高等小学校卒」と言う父親に「見栄張って〝高等〟ってつけてるけど、本当は尋常小学校卒なんじゃないの」と言ったこともあります。まだ父親が「社長」でもない、私が小学生だった頃です。子供の私は「高等小学校」というものの存在を知らなかったのでそう言ったのですが、別に父親は怒りもせず、「高等小学校でいいんだ」と言っていました。

そういう父親を持つとどうなるのかと言うと、人によっても違うでしょうが、私は「じゃ、そんなに勉強しなくていいんだ」と思ってました。学歴なんかとは関係なく父親はバリバリ働いてましたから、そっちの方がカッコいいなと思ってました。普通はそんな考え方をしないようですが、親の学歴が低いと子供はプレッシャーを感じなくてすむという利点もあります。

「親の学歴がそんなに高くないんなら、子供の自分も高い学歴なんか望まなくたっていいんじゃないか。ああ、楽だ」です。

そういうバカ息子が一度だけ父親の学歴で「なるほどー」と思ったことがあります。私が大人になってからですが、父親が上級学校に進学出来なかった理由を話したことがあります。

父親は勉強がよく出来る子供だったらしいのです。それで、小学校の担任が家までやって来て、上の学校――つまり当時の中学で今の高校へ、「行かせてやったらどうですか？」と言ってくれたんだそうです。

父親は農家の次男坊だったのですが、その父である私の父方の祖父は「百姓の息子に我慢はいらん」と言って、それを一蹴してしまったそうです。説教がましい父親の話なんか身にしみないものですが、その時ばかりはリアルに「悔しかっただろうな」と、若い日の父親の胸の内を思いました。

お子さんに話すべきことは、学歴のことなんかじゃありません。「どうして自分は中卒になったのか」というあなたの人生、そのリアリティです。それだけが人を動かします。お子さんに対して押しつけるのではなく、「よくも悪くも、これが俺の人生なんだ」と折を見て話すそのことが、「子供に胸を張って語る」になるのではないでしょうか。

「コンプレックスで胸が張れない」のではなくて、「胸を張らないからコンプレックスにつぶされる」です。「高卒や大卒なんかよりも、中卒はもっと早い時期から働いているからえらいんだ」という考え方をなさるようにおすすめします。

昔、私の家には中学を卒業して住み込みで働いている人が何人もいました。そういう人たちがいる中で、中学を出ても働かずに高校へ遊びに行っているような状態は居心地の悪いものです。そういう感じ方をしていた人間もここにいるのですから、胸を張って下さい。

お悩み

子供3人で共働き。資格も取らずダラダラ太って過ごす自分に嫌気が。

回答

ご自分のいい加減さは美徳でもあるとお考えになった方がいいと思います。

●ゆとこのあ・会社員・36歳・女性・東京都

私には子供が3人います。7、4、0歳です。共働きです。今の会社には創業当時から在籍しており、いわゆる古株です。

資格もなく3度も産休を取れば、後から入社の人たちに抜かされるのは当然なのですが、抜かされるたびにこんなに頑張っているのに、と思ってしまいます。資格を取ろうという気力もわかず、なんだかダラダラ毎日を過ごしています。何も考えない時間は食べている時だけでかなり食べてしまいブクブク太っています。周りからは子供がたくさんいて幸せだねと言われますが、ハッキリ言って周りの人たちの方が幸せに見えます。

いつも満足できず、ダラダラしていて、子育てもいい加減で子供には申し訳なく思います。ダイエットでも資格取得でもやるぞ！　という気力はどうやってだせるのでしょうか。

◎お答えします

なにかご不満がおありのようですが、周りの人達が言うように《子供がたくさんいて幸せだ》と思われるのが一番だと思います。そうお思いになれば、あなたの悩みはみんななくなってしまいます。《3度も産休を取れば、後から入社の人たちに抜かされるのは当然なのですが》と、あなたもおっしゃっています。問題は「資格があるか、ないか」ではなくて、「3度の産休」にあるわけですから、「それでだめなんだ」とお考えになるより、「それで幸福になれた」とお考えになった方が建設的で、理にかなっていると思います。

《何も考えない時間は食べている時だけ》とおっしゃっておいでですが、正確には、「私はこれでいいんだろうか？　と余分なことをつい考えてしまうから、ものを食べて余計なことを考えるのを抑えている」のではないかとも思います。

「私には別に不満がないんだ。会社の昇進で後輩に少しくらい追い抜かれているかもしれないけど、子供が３人もいるし、亭主もいるんだから、よく考えればこれでいいんだ。私はなにを焦ってるんだろ？」とお考えになれば、余分なものを食べていらざる考えを追い払う必要がなくなりますし、腹の中が妙にすっきりしてダイエットに取り組む必要もなくなります。

あなたの最大の欠点は、「私はいい加減な女だからだめなのだ」と思い込んでいらっしゃるところで、ご自分の「いい加減さ」は「美徳」でもあるとお考えになった方がいいと思います。

たとえばの話ですが、子供にとって母親は、少しいい加減な方がいいのです。母親が「いい加減じゃいけない！　ちゃんとしよう！」なんて考えると、子供にとっては「押しつけがましい強圧的な母親」になってしまいます。哀れな子供は「お母さんの悪口を言ってはいけない」と思って、その押しつけがましい母親に従って萎縮するだけです。少しはいい加減である方が、「もう！　お母さんは本当にいい加減なんだから！」と子供が言って、自分から進んでいろいろなことをやるようになります。子供を意識的な人間にするには、「親のいい加減さ」が重要なのです。子供がなにか文句を言ったら、「お母さんだってあんた達を養うために働いてるし、生まれたばかりの赤ちゃんだっているから大変なんだからね！」と開き直りましょう。子供の自主性を育てるためにはそれが一番です。

「自分はいい加減だから資格も取れない」と思って不必要にあたふたされているようですが、資格なんて、子供に手がかからなくなってから取ればよろしいわけで、「そうか、私にはまだ先の楽しみもあるのか」と思われて悠然とかまえてらっしゃるのが一番のことだと思います。なにしろあなたは、《子育てもいい加減で子供には申し訳なく思います》と言われるだけの「いいお母さん」なんですから、まず「子供が３人もいて幸せ」と思われるのが一番かと存じます。

お悩み

中学で不登校に。人生が終わってしまいました。

回答

あなたが勝手に〝終わった〟とされた場所で確認すべきことがあります。

●とろり・無職・35歳・女性・岡山県

中学の時不登校になり、人生が終わってしまいました。

進学ができなかったので、就職はできないし、どうしたらいいのかわからない状態が続いています。

家族は元々DVの家庭で、兄弟からコントロールされて育っていますので、私自身、主体性がなく、何をしたらいいのかわからないです。もとは絵が得意で音楽が好きだったりしますが、この歳でどうしようもありません。

人前で目立つのが好きですが、容姿もそれほど良くないので、出たくありません。注目されるくらいキレイなら外に出たくなるので、整形しようか？　とずっと迷っていますが、まわりの反応や身体のことを考えて、まだしておりません。

誘いがあれば遊びに行きますが、あとは家にいてネットをやっているくらいです。
このまま歳をとるだけなのが、こわいです。何から始めたらいいのでしょうか？

◎お答えします

《何から始めたらいいのでしょうか？》とおっしゃるので申しますが、まずあなたのなさるべきことは、二十年以上前に不登校になって終わったままの中学校へ行って、「私はこの中学校を卒業したことになっているのでしょうか？」という確認をなさることです。

《中学の時不登校になり、人生が終わってしまいました》とおっしゃり、《このまま歳をとるだけなのが、こわいです》とおっしゃるのなら、あなたが勝手に「終わった」と思っている中学校の時点までさかのぼって、「終わっていたわけではない、私が自分の人生のパイプを勝手にふさいでいただけだ」とお思いになるしかないと思います。

不登校のまま終わった中学で、自分が中学を卒業したかどうかを確認してどうするのかというと、「卒業したことになっている」と言われたら、高校の進学を目指します。「卒業したことになっていない」と言われたら、「どうすれば中学を卒業したことになれますか?」とお尋ねになるのです。「進学が出来なかったので、就職は出来ないし」とおっしゃっているのですから、二十年以上詰まったままになっている人生をやり直すためには、「中学を卒業する」があって、次に「進学をする」です。

あなたは「進学が出来なかったので、就職は出来ない」とお考えのようですが、世の中には中卒のまま仕事に就いている人もいます。だから「何から始めたらいいのでしょうか?」とおっしゃるあなたは、今すぐに就職口を探して働くという手もあります。

働けばいいのに、どうやらあまり働かないままで二十年以上の時間を過ごされたようですが、「中学の時不登校になり、人生が終わってしまった」ということを言いわけにしていたから、それが可能になったのではないかと思います。あなたの行き先をふさいでいる最大の障害は、「中学の時不登校になり、人生が終わってしまった」というあなたの思い込みであるはずなので、そのふさがってしまった扉である中学をお訪ねになるべきだと申しております。

中学校に行って「君は卒業したことになっている」と言われても、中学校の勉強を途中で放棄してしまったあなたですから、そのまま高校受験に合格するとも思えません。二十年以上のブランクもあります。だから、あなたが「中学卒業」ということになっていようと、なっていまいと、もう一度中学生の勉強をやり直す必要があります。中学校の先生に、「もう一度中学生の勉強をやり直すにはどうしたらいいですか？」とお尋ねになることをお勧めします。

あなた自身がどうお思いかは知りませんが、あなたはとても言いわけの多い方です。思いつきのような言いわけを重ねているだけで、ご自身のことがちゃんと自分で説明出来ていません。《家族は元々ＤＶの家庭で、兄弟からコントロールされて育っていますので》とおっしゃっても、それがどういうことなのか、具体的な様子がさっぱり分かりません。それは、あなたが《主体性がなく、何をしたらいいのかわからない》になっているご自身の理由を、家族や兄弟のせいにしているからです。普通は、そんな状態に置かれたら、「私の家はどうなっているんだろう？」と考えるものです。それが考えられれば、もう少し具体的な説明も可能になります。

《元々ＤＶの家庭で》というそのご家族は、ご兄弟のことだけなのですか？《兄弟からコントロールされて》という間、あなた達のご両親はなにをしていたのですか？「なにが私を不幸にさせているんだろう？」ということを少しでもお考えになっていたら、もう少し「主体性」も芽ばえて、自分なりの考えもお持ちになれると思いますが、あなたは「自分のやりたいこと」や「憧れのこと」をぼんやり考えているだけで、考えるべきことを考えていないのです。

だから、《このまま歳をとるだけなのが、こわいです》になるのです。

就職や進学もありますが、まず自分のことを把握して、自分のことをちゃんと他人に説明出来るように、中学生の勉強をやり直すべきだと思います。

お悩み

人の幸せそうな姿が我慢なりません。問題の多い家庭で育ち、すぐ自己憐憫に陥ってしまいます。

回答

上から目線かもしれませんが、
あなたは立派です。

●海星・会社員・39歳・男性・千葉県

すぐに自己憐憫《れんびん》に陥ってしまいます。人の幸せそうな姿が我慢ならないのです。幸せそうな人を見るとものすごく惨めな気分に襲われます。自分だけが不幸ではなく、幸せそうな人たちも人に言えない問題を抱えているのは、理屈では理解できますが、感情では納得できません。問題の多い家庭で育ち、学校ではいじめを経験し、大学はなじめず卒業、ひきこもり・10年以上の非正規労働を経て去年会社員になりました。「幸せな人生を奪われた」という喪失感が自分を苦しめます。どうすればいいのでしょうか？

◎お答えします

まず、あなたに申し上げたいことがあります。上から目線かもしれませんが、あなたは立派です。あなたの努力は尊敬に値します。あなたに《自己憐憫》なんかは不要です。あなたは、自分の生き方に胸を張って、誇ってもいいのです。《問題の多い家庭で育ち》というところからスタートするあなたの人生は、現代社会の抱える問題をすべてクリアしてしまった、表彰に値する立派な人生です。「現在」に辿り着けたご自分の努力を、あなたは人に誇るべきなのです。

誇って、人の模範にもなれるようなあなたが《自己憐憫》に陥っているのは、あなたがまだ寂しいからで、だからこそ世の中の人のありようを誤解してしまうのです。

あなたの生活圏がどこで、どこにお住まいかは存じませんが、あなたがディズニーランドやディズニーシーの中に住んでいるのでもなかったら、《幸せそうな人》というのはそうそう簡単に見ることは出来ません。世の中の人は生活が結構大変で、そうそう《幸せそう》にはなれないはずで、《幸せそうな人》がいたら、その人はその瞬間バカになっているのです。

「幸せそうな人間はみんなバカだ」なんてことを言ってしまうと、とんでもない悪口のように聞こえるかもしれませんが、「バカ」になっていられる時、人は幸福感を味わっているものなのです。「バカになっていられる」ということは、「余分な心配をなにもしなくてすんでいる」という状態にあることなのです。「ああ、なんにも考えなくていいんだ！」と思ったら、幸福でしょ？　もしかしたらあなたは、そんな風に考えたことがないので「そんなバカな」とお思いかもしれませんが、実は「バカ」になれた時、人は幸福なのです。誰彼かまわず抱きついてゲラゲラ笑っている酔っ払いのことを考えて下さい。周りの人間は別として、それをやっている酔っ払いは幸福で、人は「幸福でいられるバカ」になりたくて、酒も飲むのです。だから、あなたが《幸せそうな人》と思う人達は、みんな「バカ」なのです。

「幸せそうな人間はみんなバカだ」というのは、悪口ではありません。でも、悪口になる要素も持っています。もちろんです。

「幸せそうな人間」は、幸せそうなんですから、もちろん幸せです。だから、他人のことなんか考えません。考える必要なんかないんです。だって、自分が幸福だからです。自分一人の幸福に酔っていればいいのです。

もちろん、世の中には「いつでも幸せそうな人」というのはそうそういません。普段は幸福ではない——めんどくさい問題を抱えてリラックス出来ない人の方が圧倒的に多くて、そういう人が時たま「幸福＝バカ」になっていたりします。つまり、世の中の多くの人達は、そんなに幸福ではないのです。ところが同じ世の中には、「私は不幸ではない。だから私は幸福だ」と考える種類の人達もまた数多くいます。そういう人達は、あなたのおっしゃるような《人に言えない問題を抱えている》わけではないのです。ただ「さして不幸ではないから幸福」というだけで、めんどくさいことをなにも考えていないのです。

あなたは、ご自分のありように即して「他人もやっぱりこうなんだろう」と推測されるのでしょうが、普通の人の内部はもっとシンプルに「なにも考える必要がないから幸せそうに見える」なのです。

いじめに遭われたあなたですからお尋ねしますが、あなたがいじめに遭っていた時、あなたの周りの人は誰もそのことに気がつきませんでしたか？「そんなこと考えてみたこともない」とおっしゃるかもしれませんが、あなたがいじめに遭っているということを誰一人知らないでいるとは考えられません。渦中のあなたは「誰かに気づいてもらいたい、助けてもらいたい」と思っていたはずですが、そのあなたが「誰も気づかなかったと思う」とおっしゃるのでしたら、気づいていなかったのではなく、知らん顔をしていたのです。「なにも考える必要がないから幸せそうに見える」という人達は、深い考えなくしてそういうことをします。あなたが《幸せそうな人》を見て、「なんか問題を抱えてるんだろうな」と思って、《理屈では理解できますが、感情では納得できません》とおっしゃっているのは、まことに正しい理解なのです。

「なにも考える必要がないから幸福」系の人達は、そういう自分達の周りに

《幸せそう》という高い城壁を築きます。だから、めんどくさいことに対しては「見て見ないふり」も出来ますし、「自分はあいつらに高いところから見下されている」とあなたに思わせて、《ものすごく惨めな気分に襲われます》にしてしまうのです。バカに見下されて惨めな気分になる必要なんか、あなたにはないのです。それなのに、どうしてあなたがそうなってしまうのかというと、あなたの中に《「幸せな人生を奪われた」という喪失感》があるからです。

若い時に「自分にはあってしかるべき」と思っていたものが手に入らなかった――その喪失感に苦しんでいる人は、とても多いです。人がなにを嘆いて苦しむのかと言えば、その喪失感です。あなただけではありません。そして、それがなぜ苦しいかと言えば、どうにもならないからです。だって、時間は戻りません。戻らないから、それが分かっているから、人は苦しむのです。

でも、あなたはそのことで苦しむ必要がありません。あなたは《幸せな人生を奪われた》とお思いになりたいかもしれませんが、あなたは奪われてなんかいません。その以前に、あなたにそんなものはなかったんです。だからあなたは苦労をしなければならなかった。あなたのこれまでの苦労は、「ない」という空白を埋めるためにあったのです。つまり、《去年会社員になりました》というあなたは、そのことによって、ようやく《幸せな人生》を得るためのスタートラインに立てたのです。だからあなたは、「まだ奪われてなんかいない」なのです。

あなたの誤解は、その自分の努力と達成を「たいしたものだ」とまだ捉えられずにいることから起こっているのです。世間の「幸せそうな人間」というのは、ただのバカで、たいしたものではありません。そんなものに騙されて「自分は幸せになれないんじゃないか」と思ってしまっていることが、あなたの失策なのです。

あなたはえらい人です。人を感動させるだけの努力の人です。おそらくは、そのことをこれまでに人に言われなかったのでしょう。だから私は、そのことをまず初めに申し上げました。これからは、ご自分を卑下されることなく、胸を張って《幸せな人生》をお求めになることです。それをしてもいいのです。胸を張るだけで、チンケな問題はすべて崩れ去ると思いますよ。

お悩み

50歳です。熱中できる何かがなかなか見つかりません。

回答

あなたはせっかちで、楽しくなるために必要な時間すら、惜しい方のようです。

●こう・看護師・50歳・女性

50になりました。友人がいません。いとこと姉に用事があれば、一人で何もせずに一日を過ごします。仕事は、ずっとしていますが、部署異動による精神疾患で2年休業していました。復職して半年経ちましたが、後10年かと思うと仕事に対する意欲もなくなりました。熱中できる趣味を見つけようと英会話やヨガ、手話、読書などいろいろ試してみましたが、どれもあまり楽しくありません。

専門卒だったので、通信大学に通ってみようかとも思い、後は、入学金を払うだけの段階で、卒業しても54歳、そもそも通信大学で何を習いたいのかと思いやめてしまいました。

現在は、「好きなことを見つける方法」や「幸せの引き寄せ方」などの自己啓発本を読み、今後も一人で寂しくなく生きていく方法を探しています。この年齢で夜勤のある今の仕事はきつく、精神的にも疲れています。ですが、老後のことを考えると仕事はやめられません。熱中する何かを見つけるには、どうすればいいんでしょうか。友人がいなくても一日があっという間に過ぎる何かを見つける方法を教えて下さい。

自己啓発本には、それこそ好きなことを一生懸命していればお金は後からついてくると書かれています。好きなことがわかれば、仕事をやめても、その好きなことをしながらお金にも不自由せず生活できると考え始めるようになりました。ぜひ、好きなことを見つける方法を教えて下さい。

◎お答えします

ご相談を拝見して思いました。失礼ですが、あなたはせっかちな方ですね。自分でお気づきになりませんか？ ≪いとこと姉に用事があれば、一人で何もせずに一日を過ごします》とおっしゃっているのを見ると、「ただの一日でさえ、一人でボーッとしていることが出来ない。つらい」とおっしゃっているように思えます。そこのところをあなたは、「友人がいないからつらいのだ」というようにお考えになっているのだと思えますが、でも「友人がいない」ということと「せっかちでじっとしていられない」というのはまた別のことです。考え方としては、「せっかちでじっとしていられないから、他人と友人関係になりにくい」ということなんではないかと思います。

あなたがせっかちだということは、あなたのご相談のいたるところにお見受け出来ます。《熱中できる趣味を見つけようと英会話やヨガ、手話、読書などいろいろ試してみましたが、どれもあまり楽しくありません》というところでも分かります。あなたはなんでも、「すぐに入り込めて熱中出来る、すぐに楽しくなるはず」と思い込んでいらっしゃるんですね。そう思っていることを考え直される必要はあると思います。つまりあなたは、「楽しくなるために必要な時間、それに慣れるための時間」を経験することがいやで、つらいのです。だから、「なんだ、ちっとも楽しくない」で、習い事をすぐに投げ出してしまうのです。

「初めてのこと」に対しては、なんでも慣れる時間が必要ですよ。あなただって、いきなり看護師になられたわけではないでしょう？　看護学校へ行かれて、看護師になるために必要なことを学ばれて、それから実習や研修をして、実際に看護師としての勤務を始められたわけですよね。勤務に就かれても初めはまだ緊張していて、それが「慣れた」と思える頃にはホッとして、勤務が楽になったり楽しくなったりはされたはずです。《部署異動による精神疾患》というのがどういうことか私には分かりませんが、「慣れる」という期間を持たない突然の変化にあなた自身がついて行けなかったのかもしれませんよね。

「看護師になる」というのが、「働かなくちゃ、自分でお金を稼がなくちゃ」という思いだけで乗り切ったことで、「別に楽しいことなんかなかった」とお思いであったとしても、あなたの中に「ちゃんと看護師になれた、ホッとした」という瞬間はあったはずです。慣れるために必要なある程度の経過期間があればこそ、そういう「なれた、よかった」という感じは訪れるはずですが、今のあなたはそういうことを忘れていらっしゃるか、そうじゃなかった昔からせっかちで、「自分はやれてるはず！　やれてるはず！」と思って、周りと衝突しながら、それに気づかずにやって来られたという可能性もあるのではないかと思います。

《好きなことを見つける方法を教えて》とおっしゃるので申しますが、その方法は「自分から好きになって行った結果、好きになる」ということしかありません。《熱中できる趣味を見つけよう》とされていろいろなものを試された結果、《どれもあまり楽しくありません》ということになってしまったのは、あなたの試されたものがあなたにマッチしなかったものなのかもしれませんが、どうもそれだけではないようです。どれもこれも、「好きになる」という方向へ行く手前で投げ出してしまう欠点が、あなたにはおありのような気がします。

あなたが「自分には向かない」とお考えになってなにかをやめてしまうのなら、「自分にはなにが向いているのだろう?」とお考えになることをおすすめしたいのですが、どうもあなたの中にそういうことを考えようというお心はおありでないように思います。「自分にはなにが向いているのだろう? 自分はなにが好きなんだろう?」と考えるお心がないからこそ、「好きなことを見つければ金に困ることはない——だから、好きなことを見つけなければ」と思われる方向へ進まれたのでしょうが、《好きなことを一生懸命していればお金は後からついてくる》というのは、「好きなことをやって成功した人」、しかもそれを「一生懸命にやったからこそ成功した人」の発言で、そんなことよりも「好きなことを商売にするな」という方が一般的です。

「好きなことを職業にしてしまうと、損得勘定が出来なくなって失敗してしまう」ということが一つと、もう一つは「好きなことを職業にしてしまうと、職業であることが優先されて、自分の中のそれを〝好き〟と思う心が磨滅してしまう」という二つの理由があります。「好きなこと」をやっていて金儲けに成功した人は、「好きなこと」をやっている内に金儲けが好きになった人です。「好きになる」ということ抜きで、成功というものはありえないと思いますが、多くの人は「好きでもないこと」を仕事にして、それを続けている内に自分のしていることが好きになって、成功するか、あるいはその自分のあり方に満足するようになるのです。

すべての物事には「慣れる」という試用期間が必要で、「好きになる」というのは、その期間を経過した後で生まれるのなら生まれるものです。あなたには、その「好きになることが必要だ、好きになれるためにはある程度の時間が必要だ」という発想が抜けているように思います。

ではどうすれば、「なにかを好きになる」ということが可能になるのでしょうか？　あなたの胸の中は、なにかの理由でしっかりとガードされっ放しで、自分の外側にあるものを受け入れることが出来ないでいるのです。私はそのように思います。「アレコレ考える」というのも「自分をガードする」ということですから、今のままでは、そこに「好きになれそうなもの」があったとしても、それを受け入れることは出来ないでしょう。

なにかを好きになるためには、自分の方に「それを受け入れる土壌」を作ることが必要です。カチンカチンになった自分の心を耕して、もっと柔らかいものに変えるということです。そのためには、あまり役に立たないことをアレコレ考えるのをやめることが必要です。「楽しいか、楽しくないか」を考えるのも、実は損得の計算をすることで、「役に立たないことをアレコレ考える」です。

つまらないことをアレコレ考えずに、ボーッとしましょう。なにもしないでボーッとしている時間は、あなたにはたっぷりあるはずです。でも、あなたは自分の部屋でなにもしないでいると、不安になってしまうから、ボーッとしていることが出来ないのです。だったら、一人の部屋を出て外を歩くことをおすすめします。

「そんなことをしたってなんにもならない」とお考えになるでしょうが、それが「つまらないことをアレコレ考える」です。外に出て、目的もなく歩きながら、あちこちを見回して、「こんなもんになんの意味があるんだろ？　おもしろくない、つまんない」と心の中でぼやきながら歩いて、「文句を言わなくてすむようなもの」を見つけるのです。

木でもいい、野原でもいい、町の家並でもいいし、草でも花でも石ころでも動物でもなんでもよくて、「これを見ている限り、私はなんにも文句を言わないな」というものを見つけるのです。もちろん、空の雲でもいいです。それを「ぼんやりと見ている」ということが「ボーッとしている」ということで、「自分の外にあるものを受け入れる」という、「なにかを受け入れて好きになる」の第一段階です。

「なにかを好きになるためには時間がかかるんだ」と思ってぼんやりなさっていると、それだけで時間は結構過ぎて行くものです。

ご自分ではそうお思いではないかもしれませんが、あなたは緊張で自分自身をカチカチに強張らせているのです。どうか、ぼんやりしてその緊張を解いて下さい。

お悩み

勉強が嫌いです。両親の言う〝いい大学〟に行きたいとも思いません。

回答

ご両親が行けという〝いい大学〟に合格すべき。それがご両親の言いなりから自由になる一歩です。

●ゆき・予備校生・19歳・女性

勉強が嫌いです。父母どちらも、誰もが知っているような大学出身です。兄弟も両親が望むような大学へ進学しました。

小学生の頃から勉強を始め、両親に教えてもらいながら高校入試まで頑張りました。高校、大学一貫校の有名私立は不合格でした。わたしはその高校より地元の公立の高校に行きたいと思っていました。無事にその高校には合格しました。すごくレベルの高い高校ではありませんが、首席で合格だったと先生が教えてくださいました。

高校からは自分で勉強しなさい、と言われました。ですがわたしは勉強が嫌いで、努力をしませんでした。すごくいい大学に行きたいと思ったこともありません。両親は「レベルの高い大学に行けば自分のできることの範囲が広がるし、いい友人との出会いもある」などと教えてくれましたが、それでもどうしてもいい大学に行きたい！　という強い気持ちは湧きません。高校3年生での入試も努力不足で第一志望には合格できず、受けた中で一番低いところにのみ合格しました。両親はそこに行くなら浪人した方がいい、と言いわたしはそれに従いました。

今年、2回目の受験が迫っています。去年の第一志望も受けます。ですがわたしの努力では正直厳しいと思います。それ以上の理由として、受かりたいという気持ちがほとんどありません。お金を出してもらったり、常に応援してくれる両親にひどいことをしていると思います。それでも努力をしない自分が嫌いです。もう大人になる年齢なのに、甘え過ぎていると思います。

大学に行くことが全てではない、というふうにどこかで軽くみてしまっている自分がいます。高卒でもきちんと働いている友達もいます。こういうふうに考えてしまうのです。それでは駄目なんでしょうか。自己嫌悪ばかりして辛いです。

◎お答えします

あなたのおっしゃることに、それほどの間違いはないと思います。だから自己嫌悪に陥る必要はないと思います。

実は私は東大出の人間なのですが、《レベルの高い大学に行けば自分のできることの範囲が広がる》とは思いません。私が「自分のしたいこと」を出来るようになったのは大学の外で、私が一人で勝手なことをやっていた結果です。大学で何人かの友人も出来ましたが、根本のところで私は「レベルの高い大学を出た人間」と、相性がよくないようです。言うまでもなく、私は勉強が嫌いです。「勉強が出来るようになると勉強をしなくてすむから、勉強の出来る子が羨ましいな」と、子供の頃には思ってました。ただ、私が嫌いだった勉強は、大学に入るまでの勉強で、よく分からないままに大学へ入って、「大学での勉強は、自分のやりたいことをやりたいようにすることだ」と気がついて、「だったら勉強は好きだ」と思うようになっただけです。

あなたは「勉強が嫌いだ」とお思いになっていて、「そんなことを考えるのは私一人なんじゃないだろうか？」とお思いかもしれません。でも、その目的がよく分からなくて、たださせられるだけの勉強は嫌いだと言う人は、いくらでもいます。その点でご心配になる必要はありませんが、でもあなたは、一つだけ考え違いをなさっています。たとえあなたが勉強を嫌いだとしても、あなたにはそれ以上に嫌いなものがあります。ご自分でお分かりになっているかどうかは分かりませんが、あなたは勉強よりも、「両親の言いなりになる」ことの方が嫌いなんです。でも、「それを言っちゃいけない」と思っているから、あなたの頭の中はゴチャゴチャになって、その結果、自己嫌悪というところへ行ってしまうのです。

あなたがお書きになっていることで重要なことは、高校受験の時のことです。両親が「行け」と言ったであろう有名私立には不合格で、自分が「行きたい」

と思った地元の公立高校にはトップ合格です。「行け」と言われても、いやだから落ちるのです。でも、自分で「行きたい」と思えば、トップ合格で行けるのです。あなたはそういう人なのです。かく言う私も、中学や高校の受験で行きたくない学校を受けさせられて、別にわざとではないのですが、行きたくない学校の試験にはみんなちゃんと落ちました。人間は、正直なものです。

あなたの《勉強が嫌い》がいつから始まったのかと言えば、本格化したのは、高校に入ってからでしょう。だって、あなたはその高校に成績トップで入学したのです。だったら、「もう勉強しなくてもいいじゃない」と思っても不思議はありません。「そんなまさか――」と思っても、人間は正直なものですから、「そう思っちゃいけない」と思っても思います。「私はいい成績でこの高校に入った。だったら当分は勉強なんかしなくたっていいじゃないか」と思っているのに、あなたのご両親は「いい大学へ行くんだから勉強をしろ」と、まだ先のことをうるさく言う。だから勉強が嫌いになるんです。あなたは勉強よりも、うるさい両親の言いなりになることが嫌いで、勉強をする気がなくなったんです。

それで、この先どうするかですが、まずご両親が「そこならいい」と言う大学に合格することです。「そこに行きたい」と思う高校にならトップ合格が出来るあなたなら、それは可能なはずです。《大学に行くことが全てではない》は確かですが、あなたが「大学に行かない」とおっしゃったら、ご両親は平静ではいませんね。そのことはあなたもご承知だと思います。だから、あなたは頑張ってご両親が「行け」と言う大学に合格すべきなんです。「なんでそんなことをしなくちゃならないんだ」とおっしゃるかもしれませんが、あなたが大学に合格するのは、ご両親の言いなりになることから自由になるためです。

今のままだと、あなたのご両親はいつまでもあなたに指示を出し続けて、あなたがへんな風にブチ切れてしまう可能性があります。だから、「両親の指示から自由になる」ということが必要なのです。しかし、今あなたが「自由になりたいから大学に行かない」と言っても、あなたのご両親にとっては「わけの分からない反抗」です。あなたが自由になるためには、「私はやるだけのことを自分でやって大学に入った。だから、私にはもう指示はいらない」という提示が必要なのです。

今の内に出来ること、クリアすべきことをやっておいて、大学に入った方がトクです。それをしないと、ご両親との関係であなたはこの先悩み続けることになります。「自分が自由になるために大学へ行くんだ」とお思いになれば、あなたはその関門が突破出来るはずです。だって、高校受験の時はそうだったんですから。

夫婦・恋人について

お悩み

疲れるのです。自負心の強い夫と一緒に暮らすのが。

回答

ご主人に、「あなたと違う質の人間がいる」ことを伝えた方がよろしいのでは。

●ジョバンニ・主婦・59歳・女性

私は現在59歳になる、初老の女性です。現在は無職で、過去には、子育てのため素朴にパートをしておりました。夫は単身赴任で地方に赴任しておりましたが、任期を終え3年前からまた一緒に暮らしております。子育ても終え10年一人での生活が続き、現在、夫との二人暮らしで何の苦労もなく過ごしているように見えるでしょうが、毎日が空しいのです。

現在はスポーツクラブに通っておりますが、それも夫が決めたことです。健康のためにボケないためにと。夫はスポーツが好きです。得意だといってもいいかもしれません。なんでも直ぐ自分のものにしてしまいますから。でも、私は、スポーツがあまり好きではありません。どちらかといえば文系タイプで本を読んだり哲学的なことを考えたりするほうが好きです。いわば、嫌々通っているということです。

夫は、独断的で自分は間違った人生を歩んでいない正しいことをして生きているという自負があります。私は立派な生き方もしておりませんし人様に褒められるような生き方はしてきませんでした。疲れるのです。そんな自負心の強い人間と一緒に生活しているのは。

是非こんな、浅はかな私のご相談に耳を貸してくださるのなら何か良いアドバイスをお願いいたします。

◎お答えします

三十年ほど前に、私は別のところで人生相談というものをやっておりましたが、その時に気がついたことがあります。それは、相談をなさる方の多くが、自分で自分の悩みがどんなものかを理解なさっていることです。また、その悩みの多くが対人関係に関わるものです。だから、「どうしてそのことを相手の人にそのまま言わないで、黙って人生相談などというところに持ち込むのですか？」と言いたくなってしまうのです。

あなたのご相談もまさにそうしたもので、あなたのお寄せになったご相談を、そのまま配偶の方におっしゃればいいのです。あなたの「空しさ」あるいは「しんどさ」を取り除くことが出来るのは、あなたの配偶の男性だけなのですから。

あなたはご主人に対して、なにか「引け目」のようなものを感じておいでなのかもしれません。それであなたは、《夫は、独断的で自分は間違った人生を歩んでいない正しいことをして生きているという自負があります》と、かなり遠回しなことをおっしゃっていますが、ストレートに言ってしまうと、あなたのご主人は「他人のことなんかよく分からないスポーツバカ」です。そうじゃないですか？

あなたのご主人は、あなたがご主人と一緒にスポーツクラブに通っていることを、「いやいややっていること」だとは理解なさっていません。「いやいやなのに、なんで一緒に来るんだ？」としか考えないお方ですね。だから当然、あなたが黙って、「私はそういうことをしたくないのに、どうして分かってくれないのかしら」と胸の中で思っておいでになっても、それを理解してもらえることはまずありません。そういう人だから仕方がないのですが、ご主人が「黙っていても分かってくれる人」ではないことが、あなたを疲れさせる原因の一つにもなっているのではないかと思います。

だから、「私はあなたとは違う質の人間だから、私の好きにさせて。あなたのすることを、当然のように私に強要するのはやめて。私ももう年だから、無理をしてあなたに合わせるのは疲れるの。あなたがスポーツクラブに行ってている間、私は家でのんびりしていたいの」と言うしかありませんね。しかも「他人のことがよく分からないスポーツバカ」だと、長い話を呑み込む能力があまりありませんから、以上のことを少しずつ小出しに言って聞かせるのは必要と思います。

でもただ一つ、それを言っても敵が反撃する余地はあります。それは、「年を取ると体力が衰えるから、お前も老化防止のためにスポーツクラブへ通うべきだ」と言われてもしまう点です。単純な人はシンプルな原則で出来上がっていますから、「老化防止のためには運動」の一本槍で来ます。その時には、「私は私なりに体を動かしているし、過度な運動は体によくないとも言うから、遠慮をしたい」と言うべきですね。それでだめなら、「いやなことをやらされるとウツ病になるからだめ」というようなウソをついてもいいのではないかと思います。

なんであれ、あなたの配偶者は「自分の考えとは別の考え方が世の中にある」なんてことをユメにもお考えにならない方で、ましてや「自分の考え方と違う考え方の人間が同じ家の中にいる」なんていうことには気がつきません。そのおかげであなたは、《立派な生き方もしておりませんし人様に褒められるような生き方はしてきませんでした》というネガティヴな思考を我れ知らず引き受けてしまっているのです。

その状態をこのままにしておくと、この先あなたはもっとつらいことになります。仕事の話なら複雑なことを理解出来ても「他人の胸の内」となると、まったくの理解の外になってしまうご主人に、「あなたとは違う質の人間がここにいる」ということを、今の内に言った方がよろしかろうと思います。

そして、もしご主人が「今更《いまさら》なにをわけの分からないことを言っているのだ」と、あなたの声を聞き入れなかったら、その時は「女の武器」を使いましょう。理詰めで責められても、「だっていやなんだもの」と言って撥《は》ねつけてしまうのが女の知恵です。単純明快な配偶者のあり方に合わせて、あなたも性《しよう》に合わない「単純明快さ」を身につけようとして苦しまれているのかもしれません。「だって」を連発されると、普通の男は疲れて、「じゃ好きにすればいいだろう！」になりますから、お試しを。

ともかく、ご自分の胸の内を相手に伝えるということをしないと、なんにも始まりはしませんよ。

お悩み

酒癖のひどい夫。別れた方がいいでしょうか？

回答

依存症では。
彼自身が〝自分は病気かも〟と素直に
思える救いの手を、まず。

●かもめ・主婦・44歳・女性

結婚して19年の主婦です。夫は会社員で営業職。仕事柄、ほぼ毎日のように会食があります。今年49歳になる夫は、酒癖が悪く、この3年程は酔って暴言を吐くのが常になってきました。暴言を吐いた翌日、「次からはもう悪酔いしないように気をつける」と反省をするのですが、1日も持ちません。私は何度も許してきて、病院にいくことや、禁酒を勧めたりしましたが、「病気ではないし、酒は仕事上やめられない」と私の意見を聞き入れず、自分で酒量を調整することしか考えません。

しかし、飲みだすと止まらないのか、帰宅した時には、ベロベロに酔っています。私の体調や精神がおかしくなるので、夫としばらく距離を置いて別居した方が良いのか悩んでいます。毎日飲み会に社員を駆り出す会社が恨めしいです。日本の会社は、接待や会食をして仕事を取るやり方をいつまで続けていくのだろうと怒りが込み上げます。夫が自力で悪酔いを防ぐのは無理だと私は思うのですが、悪酔いを防ぐ方法があるのなら、知りたいです。私は夫を許さず、別れを選んだ方が良いのでしょうか？

◎お答えします

あなたの配偶者はアルコール依存症に陥っているんだと、私は思います。だから、ベロベロになるまで酒を飲んでしまうのだと思います。

「営業職で酒を飲む必要がある」と言っても、「酒量のコントロールをしてはいけない」という理由はありません。でもあなたの配偶者は、《暴言を吐いた翌日、「次からはもう悪酔いしないように気をつける」》と言って、でもすぐ元に戻ってしまうわけですから、「酒量のコントロールをしない」ではなくて、アルコールが入ってしまうと「酒量のコントロールをしよう」という気が消滅して、それが出来なくなってしまうのです。それはアルコール依存症と考えた方がいいと思います。

《自分で酒量を調節する》と言って、それが出来ないのですから、そのことと《仕事上の理由》は関係ありません。ここで素人の私のあやふやな判断を聞かれるより、アルコール依存症の治療を担当している医師の判断を仰がれることをお勧めします。

精神疾患の類は、当人が「病気だ」と認めたがらないという特徴があります。「そんな病気のレッテルを貼られるのは不名誉だ」という当人の思いもあるでしょう。そして、それが病気である以上、当人は「苦痛」を感じるはずですが、困ったことに精神疾患系の病気だと、「苦痛」を感じているはずの当人の意識が、その時にどっかへ行ってしまっていますから、「自分は苦痛を感じている」という意識が曖昧になってしまうのです。あなたの配偶男性が「俺は病気ではない」と言うのはそのためですが、悪酔いの後にあやまるというのは、

「自分が悪いことをした」と思うよりも、「自分は病気によって苦痛を感じている」ということの表明だと思います。

なにしろ、最大の困難は、あなたの配偶男性に「自分は病気なのかもしれない」ということを認めさせることです。今までの経過もありますから、あなたの配偶男性は簡単に「自分は病気だ」と認めないでしょう。でも、あなたの配偶男性が今でもまだ、悪酔いの後に《反省》をするのだったら、その時に「あなたは病気かもしれない」と言うのは可能でしょう。彼の《反省》は「あなたへの行為」に向けられているのではなくて、「自分のしたことへの後悔」であり、「それをしてしまう自分自身への不信」に基づいているはずですから、「あなたは病気かもしれない」と言うチャンスです。「あなたは病気だ」と決めつけるのではなく、「あなたは病気かもしれない」と言って、相手が「そうかな？」と言い出してくれるようになるのを待つしかありません。

「あなたは病気だ」と正面切って言えば、彼は絶対に「違う」と言います。でも、悪酔いの彼は、自分自身のあり方に苦しんでもいるのです。苦しんでいるからこそ、悪酔いもひどくなるのでしょう。苦しんでいる人相手に、決めつけをしても仕方ありません。「私は心配しているのよ」として、救いの手を差し伸べるしかありません。「あなたが〝病気じゃない〟と言うのならそうかもしれないけれど、そばで見ている私には、あなたがなにかに苦しんでいるとしか思えない。あなたは〝病気じゃない〟と言うけれど、私はあなたの中にあなたを苦しめる病気が潜んでいるような気がする。だから一度、〝病気かそうじゃないか〟をはっきりさせるために、病院へ行ってみない？」と言うのはどうでしょう。

もちろん、あなたの配偶男性が一度で「うん」と言うとは思えません。何度か繰り返して、相手の胸の中にしみこませることが必要です。「脅し」をお考えになるのでしたら、今度悪酔いをして醒《さ》めた後、「もう一回同じことしたら、私は出て行くよ。そうしたら、あんたは絶対アルコール依存症になるよ！」がいいでしょう。その後で、「だから病院行こう。依存症だから行くんじゃない。依存症かどうかを確かめてもらいに行こう」と言うのを忘れずに。どこかに「救い」を残しておかないと、相手はこちらにやって来ません。

お悩み

仕事もでき、明るく正義感のある不倫相手にフラれ、避けられ、辛いです。

回答

あなたは嫌われてはいません。
悪い記憶につながるものとして
切って捨てられたのです。

●しろ・事務員・40歳・女性・兵庫県

職場で半年前まで不倫をしていました。相手（既婚）が仕事上のトラブル（贈収賄事件に巻き込まれ自宅待機状態）で会える状況じゃなくなり一方的にフラれました。彼は2カ月前から無事に以前とは変わらず復帰できました。その彼にとても避けられています。相手が嫌な奴《やつ》だったらいいのですが、仕事もでき、明るく、正義感があり同性からも上司、部下みんなから慕われています。彼が休職中、私以上に落ち込んでいる同僚が何人もいたほどです。いい評価しか聞きません。

そんな人に嫌われているかと思うと自分がダメな人間と思え、存在していることが悪く思えてきました。不倫関係になる前から彼が率先して開く飲み会には必ず呼ばれていたし、私の家でみんなで鍋をしたり。今では私だけ声がかかりません。以前のように友達に戻れると思っていただけに、つらいです。私はできるだけ普通に対応していますが、態度が悪いのでしょうか？　こんな考えても無駄なことが毎日続いています。

◎お答えします

あなたは誤解しています。あなたは嫌われたのではありません。「悪い記憶につながるもの」として、彼から切って捨てられたのです。

あなたがおっしゃるように、彼は真面目ないい人でしょう。でも、贈収賄事件に巻き込まれたのです。彼があなたのおっしゃるような《正義感》のある人なら、そもそもそういうものには巻き込まれないと思いますよ。「俺はそういうものと関わるまい」と思っていて、でも組織内のことだから「巻き込まれた」という状態になってしまった――そういうこともあると思います。多分、そうでしょうね。

じゃ、そうなった彼はどうしたんでしょう？　彼は反省しますね。「俺はどうかしてたんだ」と思いますね。《みんなから慕われて》の人だったら、そうなりますよね。そうなるのが、自然ですよね？　「どうかしていて、うっかりと、巻き込まれなくてもいい事件に巻き込まれてしまった」と彼が考えたら、自宅待機の間になにをするでしょう？　「どうかしていた自分」にまつわることを、根こそぎ搔《か》き出して、自分をきれいにしようと思いますね。彼が、本当に真面目で正義感の強い人なら、それをします。特別に正義感が強くなくても、立ち直ることを考える普通の男ならそれをします。

では、「俺はどうかしてた」と思う彼の、「どうかしていた」の証拠となるような「ろくでもないこと」というのはなんでしょう？　あなたは、「そんな、ひどい――」とおっしゃるかもしれませんが、彼にとって「ろくでもないこと」というのは、あなたとの不倫です。「俺はどうかしてたんだな、あんなこともしてたし――」と思う「あんなこと」が、あなたとの関係なのです。

「まさか――」とお思いになるかもしれませんが、ご自身でおっしゃっているように、それは《不倫》なんですね。つまり、「よくないこと」なんですね。彼が「俺は悪いことをしてるつもりはない」と言って、あなたも同じように「私だって悪いことしているつもりはないわ」と思っていたって、あなた達のしていることは、彼の奥さんにとっては「悪いこと」なんですよ。だから「不倫」なんですよ。それが「不倫」なんですよ。

《自宅待機》の期間中、彼はどこにいたんですか？　あなたと一緒にいたわけではないですよね？　彼がいたのは当然、奥さんのいた「自宅」ですよね？　そこで彼は、奥さんといがみ合ったり、彼女を無視したりして暮らしていたんでしょうか？　違いますよね。

あなたとの関係が奥さんにばれたのかどうか、私は知りません。でも、あなたとの関係が奥さんにばれたのなら、彼は謝りますよね。謝って「もう二度としない」と言いますよね。もし、あなたとの関係が奥さんにばれていないのなら、一人で「もう二度と彼女には関わりを持つまい。一切を忘れよう」と思うはずです。それが、《明るく、正義感があり》《みんなから慕われています》と言われる人のあり方です。

あなたは別に、彼から嫌われてはいないのですよ。それ以前に、あなたの記憶は彼の個人ファイルから抹消されてしまっているのです。あなたとの関係は、彼にとってはもう「いやな時期の記憶」で、「悪い記憶」なんです。彼が立ち直るためには、その記憶が消去されることが必要なのです。

今のあなたは彼に対して未練たらたらで、「私はこんなにも彼のことを思ってあげているのです」と訴えておいでなんですが、本当に彼のことを思われるのなら、彼のことをお忘れになってあげるべきですね。「幸福な思い出を消さなければならない」と思うのは、なによりもつらいことです。あなたはそのつらさの中にいます。でも、仕方がありません。「不倫」というのはそういうものなのです。

お悩み

彼氏が大学を3留し中退し就活中。「無理に付き合わなくて良い」と言われましたが、彼を失いたくもなく……。

回答

答えは簡単ですが、受け身のあなたが気になります。

●mかな・ピアノ講師・24歳・女性・大阪府

こんにちは。24歳、独身女性です。彼氏との今後についての相談です。

現在4年程お付き合いしている年上の彼氏がいます。彼は有名な公立大学の理系学部に通っておりましたが、先日3留が決定しました。年齢的なこともあり退学を決め、現在は就職活動をしております。

留年の理由ははっきりとは分かりません。毎日学校に通い今年こそはと勉強に励んでいましたが、どうしても単位がもらえなかったようです。彼もひどく落ち込み、何度も謝られました。客観的に考えると絶対に別れた方が良いとは分かっています。このご時世、大学中退での就職は本当に難しいと思いますし、彼にも「無理に付き合わなくて良い」と言われています。

それでもどうしても彼を失いたくないと思ってしまうのです。優しさだけでは生きてはいけませんが、これまで彼の優しさに何度も救われてきました。

これはただ自分に酔っているだけでしょうか？　恋人がいない、という状況が嫌なだけなのでしょうか？

自分がどうすべきか分からず、投稿させて戴きました。ご助言宜しくお願い致します。

◎お答えします

あなたのお悩みは、それほどむずかしいことではないように思います。あなたが「彼と一緒にいたい」と思い、「彼と一緒であるなら苦労に堪えられる」と思われれば、それですべては解決です。そのまま付き合われて、ご結婚をなされればよろしいのではないかと、私は思います。

それだけのことではありますけれども、気になるのは、あなたの中に「彼と一緒になることによってしんどい人生を歩むかもしれない」という発想があまりお見受け出来ないということです。

あなたは「彼のあり方」だけを見ていて、「彼とこの先も一緒である自分のあり方」を視野の外に追い出しているように思います。《有名な公立大学の理系学部》で三年留年をした末に退学して、現在は《就職活動》をしていらっしゃる彼のことを、《大学中退での就職は本当に難しい》とあなたは思ってらっしゃる。そのあなたに、彼は《無理に付き合わなくて良い》とおっしゃっている。ということになると、このまま彼と付き合っておいでになると、あなたには「結構シビアな状況」がやって来ることになるのだろうと思いますが、あなたのご相談のなかには「それでも平気」というお心が拝見出来ません。そのリスクを直視するのではなくて、リスクを回避して、「そうすると自分にはどれだけの不利益が生まれるのか」と、極端なことを言えば、あなたはそのことだけを考えておいでのように思われます。

彼と別れると、あなたは（多分一時的に）《恋人がいない》という状況に陥ります。あなたは正直に《恋人がいない、という状況が嫌なだけ》と思って自身の胸の内を口にされておいでです。つまりあなたには、「恋人がいなくなるデメリット」がいやだとお考えなのですね。それともう一つ、《これまで彼の優しさに何度も救われてきました》とおっしゃっておいでですから、彼と別れてしまうと、もうその《優しさ》に寄りかかることは出来ない。これもまた、「彼と別れることによって生まれるデメリット」ですね。

あなたは《ただ自分に酔っているだけでしょうか？》とおっしゃっておいでですが、私にはおっしゃる意味がよく分かりません。というのは、こういう《自分に酔っている》は、普通「先の見込みのない彼に、私は献身的に尽しているのだが、これは私が自分に酔っているだけなのだろうか？」という形で使われるものです。でも、あなたは別に彼に対して「献身的な努力」をしているようにも思えません。それであなたが幸福を感じて《自分に酔っている》とおっしゃるのなら、それは、あなたが彼に甘えていられて、そのメリットを十分に感じているというだけですね。

留年した彼が大学を中退して、落ち込んだ末に何度も謝るということがあって、そのことをあなたは《客観的に考えると絶対に別れた方が良いとは分かっています》とおっしゃっていますが、この《客観的》という言葉のおかしな使い方にも、あなたは気づいていらっしゃいますか?

普通これは、「主観的に考えると――」です。なにしろ、あなたが一人で決めることで、決める内容も「個人の感情」に関わる「あなたの恋愛」なんですから。ここに《客観的》という言葉を持ち出すと、なにか「あれこれ見比べて、世間の相場と相談して決める」というニュアンスが生まれてしまいます。複数のスーパーのちらしを見比べて、どこが得かを判断するオバさんのように。お使いになるのなら、《客観的に考えると》ではなくて、「冷静に考えると」であってしかるべきですね。なにしろ「あなたの胸の内の問題」なのですから。

このまま彼とのお付き合いを続けて、別にたいした問題は生まれないのかもしれない。就職活動に苦労しても、彼は納得の行く職場を得られるかもしれません。

でも、そうはならなくて、うまく行かない就職活動の結果、彼は「いやな人」になってしまうかもしれない。そうなった時、あなたは彼を支えて励まさなくてはならない。なんだかんだ言って働かなくなる彼の、生活の面倒もみなければならなくなるかもしれない。

「話は簡単だ」というのは、そういうリスクやデメリットが「ある（かもしれない）」ということを考えた上で、「彼を愛せるかどうか」が、あなたのお悩みの根本にあるからです。「愛されるだけの自分」を前提にして彼との関係をお考えになっても、答を出すことは出来ませんよ。

人づきあい
について

お悩み

子供の頃から集団生活が苦手で嫌われてきました。

回答

どうやらあなたの相談は〝どうしてそれ以上、人に好かれようとするの？〟という類いのもののようです。

●まりも・小学校教員・30歳・女性・埼玉県

わたしは集団生活というものが苦手で、学生時代は常に人間関係がうまくいきませんでした。小学校では、空気を読めない発言が咎《とが》められ、クラスから浮いたり、中学校に入ると早々に目をつけられていじめられました。それでも、根が真面目な部分があり、勉強に打ち込んだり本を読んだりして乗り越えて来ました。

念願の高校に入学できたのですが、そこでもうまくいきませんでした。初めの一年間はすごく楽しかったのですが、その後は孤立してしまいました。どういうわけか、初めは遊びの声などかかるのですが、途中からあからさまに嫌われてしまいます。カンが鋭いので、相手の態度の変化などすぐに気がつきますが、その頃にはもう集団で仲間はずれにされるほど嫌われました。

大学は、志望校ではなかったのですが、夢を叶《かな》えるために入りました。そこでも、一年間は楽しかったのですが、またまたうまくいきませんでした。孤立してしまうんです。

その後は、実家を離れ夢を叶えて就職しましたが、やはり職場で仲の良かった先輩とうまくいかなくなりました。

わたしの場合、パターンが同じで、和解できないと思うと、こちらもなんとかやり過ごして時が過ぎるのをまつしかありません。うちの家は、父が厳しく、努力しろ、努力しろという人でした。失敗は許されなかったように思います。学特にわたしが一番上でしたので、親としても厳しく育てたのだと思います。学生時代は家が大嫌いで、はやく出たいと思っていましたが、今はわたしも所帯を持っていますので、お互いいい距離感ができています。

幸いわたしとは間逆の、人に好かれる男性と結婚でき、息子たちにも恵まれて、今は幸せなのですが、来春からまた働くので、人の中に入ることが怖いです。ここまで同じパターンで嫌われてしまうというのは、何かあるのでしょうか？　逆に、絶対離れていかない友人も、数名はいます。ただ、毎日会う人とうまくやるのが苦手みたいです。自尊心は低い方だと思いますが、そこまで嫌われてしまうと、そんなに嫌な人間なのかとたまにものすごく落ち込むことがあります。

◎お答えします

はっきり申し上げて、私にはあなたがなにを悩んでおいでなのか、よく分かりません。「人から嫌われて仲間はずれにされる」という点でお悩みのようですが、私にはあなたがなぜ嫌われるのかが、よく分かりません。

あなたのご相談はかなりの長文で、普通はこれだけ文章量があると、「なぜ私は嫌われるのか」ということが最低でもうっすらと見えたりはするのですが、あなたの場合は「小学校時代はこうです、中学時代はこうです、高校時代はこうで、大学時代も、就職時代も」という形で「私は均一に嫌われているようです」の羅列だけがあって、具体例というものがありません。

いじめとか仲間はずれという目に遭った人は、普通「これが一番つらかったし、もう一つこれもつらかった」という具体的な思い出——つまり、痛くて忘れられない心の傷というものを持つのですが、あなたのご相談の中にはそういうものがありません。「どうしてなんだろう?」とそのことを考えると、別の可能性が浮かび上がって来ます。

あなたは本当に、人から嫌われているのですか? もしかしてあなたは、一人で「自分は嫌われているような気がする」と思い込んでおられるだけなんじゃないんですか? でも、そうだとすると不思議なのは、結婚して家庭的な幸せも手にしてらして、《絶対離れていかない友人も、数名はいます》とおっしゃるあなたが、「どうして私は人に嫌われるんだろう?」とお考えになっているることです。普通だったら、あなたの状態は「もういいじゃない。どうしてそれ以上人に好かれようとするの？」と人に言われるようなものですが。

第一あなたは、いじめられたり仲間はずれにされたりしても、そのことでたいして悩んだり傷ついたりはしていないんですね。小中学校時代には、いじめられたり仲間はずれにされたりしても、《根が真面目な部分があり、勉強に打ち込んだりして乗り越えて来ました》ですんでしまうのですね。仲間はずれにされる寂しさというのは、そう簡単に「乗り越えました」にはなれないもので、「勉強に打ち込もうとしても、どうしても寂しさを感じてつらくて仕方がありませんでした」ということになるようなものですよ。でも、あなたはそうじゃない。《和解できないと思うと、こちらもなんとかやり過ごして時が過ぎるのをまつしかありません》で、あなたはやり過ごしてしまえるのです。普通は、「やり過ごす」になるまでが一番大変で、そこであれこれと考えて悩むのですが、あなたはそうではないみたいです。

「いや、そうではない、私だってあれこれと悩んだのだが、そのことを書かなかっただけだ」とおっしゃるかもしれませんが、「やり過ごす」ということがそうそう簡単には出来ないのは、「省略出来ないようなつらさ」を感じてしまうからで、それを省略できてしまうあなたは「とても強い人」なのです。だから、そういう人が「人に嫌われている」ということをそんなに気にしているのが、不思議なのです。

もしかしたらあなたは、「自分は誰からも好かれ、愛されていなければならない」とか「愛されるはずだ」とお考えなのでしょうか？　あなたのお悩みは、「それなのに私は失敗し続けている」というような種類のものに思えるのですね。もしかしたら、あなたの厳しいお父さんは、「すべての人に愛されるような人間にならなければだめだ！」というような教育方針をお持ちで、それをあなたに押しつけたのですか？　だとしても、もういいんじゃないですか？　もしかして、あなたがあるところで人に嫌われてしまうというのも、あなたの中にある「私は誰からも好かれなければならない。誰からも好かれるはずだ」という思いが「押しつけがましい」と取られてしまうからかもしれません。あなたがそのようにお考えであったら、「仲間はずれにされても、人とうまくいかなくても平気」という切り換えは、わりと簡単に出来てしまいますが。

もういいんじゃないですか？　あなたは「誰も心を許してくれない、私は一人ぼっちだ」という人でもないんですから、「人に嫌われる」ということをそれほど恐れなくてもいいんじゃないんですかね。というか逆に、「すべての人とうまくやれなくても平気」という方向に考え方を切り換えた方が、いいと思います。だって、あなたは小学校の先生なんですから。

小学校の先生は、教室の中で一人孤立してますよね。別に生徒に嫌われていなくても、先生は生徒じゃないわけですから、教室の中ではたった一人異質の存在ですね。そのことを前提にして教育というものは行われるわけだし、その時に生徒からあまり好かれない、嫌われるという系統の先生であっても、後になって「昔はそう思わなかったけど、今思い出してみると、教えるべきことはちゃんと教えてくれたいい先生だった」と生徒に思われるかもしれないし、そういう覚悟で生徒と向かい合うことは必要だと思います。

職場の仲間——つまり教員室で孤立したって、「私は信念を持って教育しているんだから、多数決原理からの孤立なんか恐れない」という態度をお持ちになれば、どうということもなかろうと思います。そして、一番重要なのは、そういうあなたであれば、あなたの生徒がいじめに遭った時、「私はこうして堪えて来た」と言って、いじめられた生徒の味方になれることです。あなたなら、クラスの生徒達に「いじめなんかしてはいけない！」と説得力を持って話すことが出来るはずです。

あなたの問題は、「自分は人に嫌われるいやな人間なんだ」と思い込んでしまえる程度に《自尊心は低い方》になってしまっていることで、自尊心を高く持てばあなたの問題は解決します。あなた自身の思い込みをなくすため、人と会う機会があるのなら、その前に「私は人に嫌われていない」と念じることをお勧めします。物事はすべて慣れですから、そういうことを続けていれば、自尊心だって高くなって「なんだって私は一々、つまらないおまじないみたいなことを言い続けているんだろう？」ということにもなるでしょう。それに第一、あなたはもう「私は人に嫌われている」と思うことに慣れてしまっているのです。だったら、「今更人に嫌われたってどうってことない」とお考えになればいい。それで問題はなくなると思いますが。

お悩み

上司が仕事の失敗をすべて私におしつけ、人前で叱責、罵倒します。

回答

あなたの上司がろくでもないことは疑いようもありませんが、
あなたに味方はおられない？

●ひぽぽ・学校事務・43歳・女性・岐阜県

43歳独身女です。結婚したいけど彼氏さえも何年もいない生活を続けてしまっています。学校事務を正社員でしています。といっても給料もなんとか過ごしていけるくらいで、毎日が不安で仕方がない状況です。

私は今の学校に至るまでかなり苦労をしました。大学卒業後ずっと正社員で働いていたところを、教育関係を目指すという理由で30歳で退職し、なかなか正社員として雇われず、ずっと派遣として転々としていました。35歳までには必ず最後の永遠の就職先を見つけるという目標で念願の大学職員になれたのですが、学校側の理由から一方的にクビになり、それからずっと派遣の立場が続いたのですが、縁あって今年から今の学校で正社員となりました。

しかし今年からかかわってきた今の上司が本当に無責任で、仕事の失敗をすべて私におしつけてきます。特にきついのは皆の前、先生たちの前で叱責、罵倒されることです。失敗の責任をおしつけられ、あろうことか校長やその上にも反論できないようにして伝えられ、その報告を鵜呑《うの》みにした上に、直接私が「クビを覚悟しろ」と言われるしまつです。

そのとき上司はその上の横で、「何度も言ってるのに歯向かうんです」と私の日常の態度のやっていないことばかりをささやいています。私は何を言っても勿論《もちろん》無駄だと思うので、「私の不徳のいたすところ」という言い方をして、その場をしのぎました。悔しくて悔しくて、辞めてやるわ！　と言いたいところですが、独身43という年齢のことがあり、そうはいきません。

私は今後、〝奴隷〟として働くような気がしてなりません。自分がなくなっていく気がしてなりません。

◎お答えします

あなたのおっしゃることはごもっともです。あなたの上司はろくでもないやつです。

これで少しは気が晴れましたか？

ところで、あなたの学校に事務職員はあなたお一人ですか？　もしそうなら、学校事務の仕事をあなた一人ですべて取り仕切り、その上になにもしない悪い上司がいるということになりますが、同じ事務職の職場仲間という人たちはいないのでしょうか？　私は、あなたの上司が悪くていやなやつであることを疑いはしませんが、その職場にどうしてあなたの味方をしてくれる人はいないのだろうかと思うのです。

その上司がいやなやつなら、あなたの職場仲間の人は、上司のいやがらせに対して「また始まった」というような目配せをしてくれるんじゃないのかと思いますし、もしそのいやがらせがあなた一人に向けられているものなら、「どうしてあなただけなの？」というようなことを言ってくれるんじゃないかと思います。そういう仲間はいないんですか？

いやな上司の攻撃はあなた一人に向けられて、事務職の仲間はいるとして、それに対して無反応なんですか？

つかぬことを伺いますが、あなたは最近、人に笑顔を見せたことがおありになりますか？　もしかしたら「最近」どころではなく、ずっと以前から「人に笑顔を見せる」などという習慣をお持ちではないんじゃないですか？

「なんのことか？」と思われるかもしれませんが、いやな上司があなたばかりを執拗にいじめる理由を考えているのです。

バカな小学生の男の子が、同じクラスの女の子を執拗にいじめているのと、その理由は同じかもしれません。バカな男の子は、その女の子が強情で感情を見せず、泣きもしないでいると、「お前が泣くまでいじめてやる！」という考え方をしてしまうのです。

あなたが一生懸命に我慢をして、「ここで屈したらおしまいだ」と思って顔色一つ変えずにいたら――、あるいは歯を喰《く》いしばってその上司をじっと見ていたら、そのいやな上司は「なんて強情な女だ、泣くまでいじめてやる！」と小学生の男の子並みの考え方をするであろうこと、間違いはありません。

世の中には、岩のようになって感情を顔に出さないでいる女の人が何人もいます。そういう人は、「あれは感情を持ってないから、いくらいじめてもいいんだ」と、バカな人間たちに思われがちです。ご自分のことを「今後、奴隷として働くような気がする」とおっしゃっているあなたは、もしかしたらそうなっているのかもしれません。

人に感情を見せず、じっと我慢して自分の殻の中にとじこもっていると、岩のように無表情な顔になってしまいます。だから、「最近人に笑顔を見せたことがおありですか？」と伺っているのです。

「理由もなく笑うのなんかいやだ」とおっしゃっておいでだと、「岩」になります。あまり長いこと人に笑顔を見せることをしてないと、顔の表情筋が固まって自然な笑顔を作ることが出来なくなります。勝手に「人に笑顔を見せることが出来ない女」と決めつけているようで申し訳ありませんが、鏡の前で笑顔を作る練習をなさったらどうでしょう?

あなたの上司が本当にいやな上司だったら、そういう人物を雇っていることは学校にとってもためになりません。私は、あなたの上司がいやなやつであることを疑ってはいませんが、あなたの周囲の人間はどうしてそのことに気がつかないのだろうかと思っています。

あなたにそのおつもりはなくても、あなたが人を遠ざけるような雰囲気を発散していたら、上司にいじめられているあなたの方に誰も視線を向けません。

なんとなく、あなたは自分の人生を全部一人決めにしてしまっているようにも思えて、あなたがお困りであるにしろ、「私のことは私のこと」という無言の態度で、他人を撥ねつけてしまっているようにも思えます。だから、笑顔を見せて、孤立から出て、愚痴を言えるような仲間を職場の中で見つけるようにするべきなんじゃないかと思います。

お悩み

社内に非常識な人たちがいます。自分より年齢や職級が上の人間もいて腹立たしいです。

回答

怒る前に十分〈あきれる〉ことです。

●かしわめし・会社員・32歳・男性・千葉県

最近、社内の他部署と共同で業務にあたる機会が多いのですが、そこで一緒に仕事をしている面々との軋轢《あつれき》が悩みです。例えば取引先との打ち合わせに非常識な服装（ビーチサンダル）で現れたり、まともな社会人として生きてきた身としては「こんなことも知らないのか」と思わされることが多く、一度怒鳴ってしまったこともあります。難しいのは、その中に自分よりも年齢、年次、職級が上の人間もいるということです。彼らの方が現時点で自分よりも厚遇されていることにも腹が立っています。

一方、家では妻に「そんな人たちより今は自分の方が下であることを受け入れるべき」と諭され、それもムカつきます。

いろいろ焦ってはいけないと頭では分かっているのですが、こういうとき、どのように自分の気持ち、そして仕事と折り合いをつけていけばよいのでしょうか？

◎お答えします

あなたは大層真面目な方と思われます。真面目だから《焦ってはいけない》とご自分に言い聞かされておいでなのだと思います。《焦ってはいけない》と思われるお心の働きが、確かに存在するであろう軋轢を過大なものにさせているのではないかとも思われます。それでどうでしょう？　一度正面切って「焦る」ということをなさってみたらいかがですか？

あなたのお怒りは、「ウチの人間はどうしてこんなに非常識な奴ばっかりなんだ！」ということのようにもお見受けしますが、だったら怒るより先、「それは違ってませんか？」と、相手の非常識ぶりを説明することが大事ですね。説明するだけの余裕がないと、短絡して怒ってしまいますし、あなたのご性分からすると、怒った後で不快な気分に襲われたりもするのではないかと思います。「非常識」という言葉を使わずに、「あなたのそのあり方は社会人として非常識ですよ」という説明をしてみようとお考えになったらいいと思います。怒ると理性がどっかに行ってしまって、あなたにとっては不快な状態になるはずですから、まず「怒る」という方向へ直行するのを避けられたらよろしかろうと思います。

「怒り」を回避して「説明」に向かわせるために重要なのは、まず「あきれる」ということです。十分にあきれて下さい。そうしないと「あきれる」が「怒る」に直行してしまいます。だから、ポカンと口を開けるように、十分あきれるのです。そうすると「怒る」ではなく、「こいつはバカなんだ」という理解がじんわりと生まれて来ます。「バカだから、説明してやらないと分からないのだ」と考えれば、「説明してやろう」という気も生まれます。もちろん「バカに分かるように説明する」ということは簡単なことではありません。「えーと、どう言や分かるんだ、このバカには」と思うから、まどろっこしくなって、つい「怒り」へのバイパスを突っ走ることになるわけですが、めんどくさいながらも「このバカに説明してやらなきゃな」とお考えになった方が、先のためだと思います。

「どう説明すりゃいいのか?」と考えることは、あなたの頭脳にとってもいいことだと思います。あなたのお怒りの対象は《年齢、年次、職級が上》の人間だったりするわけで、だったら、怒るより説明する方が軋轢は回避出来ますね。

あなたの問題は、「どうして自分より頭の悪い人間の下に立たなきゃいけないんだ!」と思われていることのように思いますが、「非常識なこの相手は自分より本当にバカなのか?」ということを検証されることも必要と思います。それを考えることによって、社内でのあなたのお立場も少しはましなものになるのではないでしょうか?

私はあなたに「理性的になれ」と言っているだけで、これは初めに申し上げた「焦ってみたらいい」とは矛盾することのようですが、焦ってみれば「自分はこんなことに焦っているのか」ということがお分かりになると思います。わけの分からないことで焦るより、ちゃんと焦って、その先にある理性の扉を開ける態勢を作った方がましだと思います。

お悩み

隣人親子の迷惑行為に両親が悩まされています。

回答

周囲の協力も得られない様子ですから、さっさと売って他所へ越しては。

●教員・40歳・女性・宮城県

両親の隣人問題に頭を悩ませています。両親が二人で住む家の隣に最近越して来た、60歳がらみの男性とその母親が、うちと境を接する塀の上にラジオを置いて一晩中大音量でラジオを鳴らし、深夜に実家のインターホンを鳴らしたり怒鳴り込んでくるそうです。

「なぜそんなことをするのか」と、昼間に訪ねていっても決してドアを開けないので、民生委員を立てて尋ねたところ、息子が「嫌がらせをしてわざと深夜に音を立ててるので、報復した」と答えたとか。そのため親は、夜間に作動するエコキュートの室外機を別の壁面に移す工事まで自費でやったそうです。

「問題は、その親子の被害妄想にあるので、工事で解決したとは思えない。警察を呼べ」と私は主張したのですが、母が言うには、町内会の区長が「私の領内でもめ事を起こすな」という趣旨のことを言い、警察に届けないよう指導してくるのだそうです。

しかし、その後も迷惑行為が止《や》まないため、私が勝手に電話で管轄の警察署に相談し、パトロールに来てもらいました。数日間は迷惑行為が止んだそうですが、ほとぼりが冷めたらまた再開したそうです。セコムの導入や弁護士への相談も、その区長とやらに止められているとのこと。

私は中年の独身で自分の仕事を頼みに生きているので、親が退職後に買った縁もゆかりもない土地（日帰りできない距離ではないですが）に頻繁に行って、困った隣人や度量の狭そうな区長と取っ組み合う（色んな意味で）自信も余裕もありません。しかし、このままでは親が傷害事件の被害者になりはしないかと心配です。娘として、どのようにこの事態に対処すれば良いでしょうか。

◎お答えします

大変ですね。私なんかは「厄介な隣人問題に解決策なんかあるんだろうか？」と思ってしまいますが、あなたのご両親の場合だと、極端な方法ですが、解決策はあるかもしれません。それは、その家を売り払ってどこかに転居してしまうことです。めちゃくちゃな案ですが、そういうことを考えられてもいいのではないかと思います。

ご両親の住まわれている場所は、比較的最近に造成された宅地ではないのですか？　ご両親が退職後に買われて、その隣に新しい隣人が越して来たという話を聞くと、そんな気がします。あなたのご両親もその隣人も「新しい住人」で、だからこそ町内会の区長も、「今まで平穏だったここに波風を立てるな」という趣旨の隠蔽《いんぺい》工作をするのではないかと。

もしもあなたのご両親と厄介な隣人が以前から長くその地に住んでいて、

「最近になって隣人が厄介なことになって来た」というのなら、その区長も含めた周囲の人達とで「困ったもんだねェ、どうしたらいいんだろう？」という相談も出来るでしょうが、どうやらそうではありません。当面、厄介な隣人の大騒ぎが問題ではありましょうが、よく考えるとご両親は、その地域で孤立をしているのです。この先お年を召されて行く中で、隣の住人はわけの分からないことで騒ぎ立てるわ、その厄介を訴えようとしても周囲の人間――どのくらいの人が住んでいるのかは分かりませんが――は耳を貸さないわの孤立状態になると、たとえ警察に来てもらったとしても、心細さによる心労は強くなるんじゃないかと思います。

問題は、厄介な隣人だけではなく、自治会の区長に代表される住人達の地域エゴです。前からの住人が「ここは住みやすかったのになァ」と言い始めると、あなたのご両親に「お前達のせいだ」という鉾先《ほこさき》が向きかねません。既に区長の態度はそちらへ傾いています。ということになると、そこはあまりいいところではないのです。だから、今の内にさっさと売り払って、よそに別の住居をお求めになった方がいいのじゃないかと思います。売り出されるのは一種の事故物件で、そうなると安くなっちゃうかもしれませんが、隣人問題の解決はその新しい買い手に任せたらどうでしょう。あなたのご両親は厄介な隣人につけこまれるようなところのある気の弱い方のように思われますから、直接解決は無理でしょう。だったら、逃げ出してしまうのが一番です。「問題が起こってからでは遅い」のではありますが、既に「問題」は起こっていて、それで周囲の協力が得られないとしたら、そこは住むに価するようなところではないのだろうと、私には思われます。

お悩み

知人に10万円貸しました。貸して、と言われたショックで彼女への信頼感が失せた私は偏狭でしょうか？

回答

あなたは少々世間知らずかもしれません。

●ひよっこ・会社員・32歳・女性・東京都

いまだにショックです。共通の趣味を介して親しくなった知人から、10万円貸してほしいと言われました。ルーズな人には見えなかったのに、窮状を訴えられました。悩みに悩んで貸すことにしました。けれども、なぜか、それまで信頼していた気持ちが失《う》せ、お茶もしたくなくなってしまいました。こんな思いをするなら、貸さないほうがよかった気もします。裏切られたような気持ちです。彼女も大変なのですし、お金を返してもらってないわけでもないのに、こんなにショックを受けるのは、私が偏狭すぎるのでしょうか。

◎お答えします

正直な話、私にはあなたがなにをお悩みになっているのかが分かりません。

ご相談の前半部分だけを拝見すると、「友人に頼まれて金を貸したけれども返してもらえない、裏切られた気分だ」というご相談にも見えますが、その先を読むと《お金を返してもらってないわけでもない》とあります。《彼女も大変なのです――》と書かれておいでですから、あなたがお金を貸された相手の「困っている事情」をご存じで、お金を借りた友人がそのお金をあまりかんばしくない使い方で浪費してしまったというようにも思えません。以上を総合すると、あなたは「なんらかの形で苦労をしている友人」に頼まれて10万円の金を貸し、全額かどうかは分からないけれどもその返済も行われているのだけれど、「お金を貸して」と信頼していた友人に言われたことがショックで、そのショックから今も抜けきれないということになりますが、そういうことなのでしょうか？

あなたは、10万円のお金を「貸して」と言われた、そのことがショックだということですね？　だとすると、もし仮にあなたが「だめ」と言って借金の申し出を断ったとしても、あなたは「あの信じていた人が借金の申し出を私にするなんて……」というショックを受けて、そのショックを今でも持ち続けていることになりますが。

あなたはご自身のことを「偏狭すぎるのか？」とおっしゃっておいでですが、そうであるより多分、「世間知らず」ということではないでしょうか？「ある時払いの催促なし」という言葉をご存じでしょうか？　これは信頼出来る相手に金を貸す時によく使われる言葉で、「貸してやるけど、返すのはいつでもいいよ。催促はしないから、お金が返せるようになったら返して」という意味です。「利子を取る」という話はこのどこにもありません。親しい他人にお金を貸すということは、実はこんなことなんですね。

お金を借りる側になって考えてみれば分かるのですが、「お金を返す」というのは結構大変です。生活がギリギリだからお金を借りる必要が生まれる。一時お金を借りてその場を乗り切ったけれども、そのお金を借りたことによって、ギリギリの生活の中からその返済分をひねり出す必要も生まれてしまうのです。「月々ちょっとずつ」という形でも、しんどいと言えばしんどいです。「お金を借りる」というのは、それだけ困っているということで、その上にまた「お金を返す」という苦労が加わってしまう。だから、親しい人や心の許せる人に「お金を貸して」と言われたら、その先の「返す時の大変さ」も頭に入れて「ある時払いの催促なしだから」なんてことを、昔は、言う人は言ったもんです。

それを言うということは、当然「貸した金は返って来ないかもしれない」と想定するのと同じです。だから、人にお金を貸すということは、「この金は返って来ないかもしれない」という覚悟をすることなのです。

人にお金を貸す時に考えるべきことは、「この相手は借りたお金を返すか、返さないか？」という判断をすることと、もう一つ「この相手に貸した金が返って来なくても平気かどうか？」という判断をすることです。その二つの観点から見て「だめだな」と思ったら、「悪いけど貸せない」とはっきり言うのです。

貸金業者とは別のところで「お金を貸して下さい」ということは当たり前にあって、「この金は返って来ないかもしれないな」と思いながらも相手に金を貸してしまう――そういう行為もまた世の中には当たり前にあるのだということは、知っておいてもいいと思いますが。

あとがき

世の中には「不幸な人」がいます。それは事実です。しかし、「不幸に見える人、人から不幸だと思われる人」が、本当に不幸かどうかは分かりません。「自分はこんなもんだ」と思って、文句も言わずそれなりに生きているかもしれません。貧乏だと、生活費を稼ぐのに忙しくて、自分の貧乏に文句を言っている隙がなくなったりもしますから。

それより面倒なのは、「自分はあんまり幸福じゃない」と思ってしまう人です。この人達は、自分の基準ではなくて「幸福そうに見える他人のあり方」をモノサシにして、「自分はそうじゃない……」と飢餓をつのらせているのですね。自分に充実感が持てない、自分のあり方を実感出来ないとそうなります。「どうすれば幸福になれるでしょうか?」と尋ねたって、そういう人は永遠に

「あんまり幸福じゃない」です。

だからですね、考えてほしいんです。「幸福そうに見える人は大体バカだ」ということを。この本の中でも言いましたが、幸福というのは「余分なことを考えなくてもすむ状態」です。なぜかと言えば、幸福なんだから余分なことを考える必要がないのです。「ああ幸福だ」でＯＫです。この言葉を嚙みしめていると、「幸福そうな他人を羨むのはバカらしい」という気になります。「自分はあんまり幸福じゃない」と思ってしまったら、思い切ってバカになるのもいいと思います。バカになって「今、自分は余計なことをなにも考えてない」を経験してしまうと、その瞬間に「幸福」です。そうやって、他人のモノサシではなく、自分のあり方を割り出して行くのが、「自分はあんまり幸福じゃない病」を治す道だと思います。この病気になっている人は、かなり多いと思いますが。

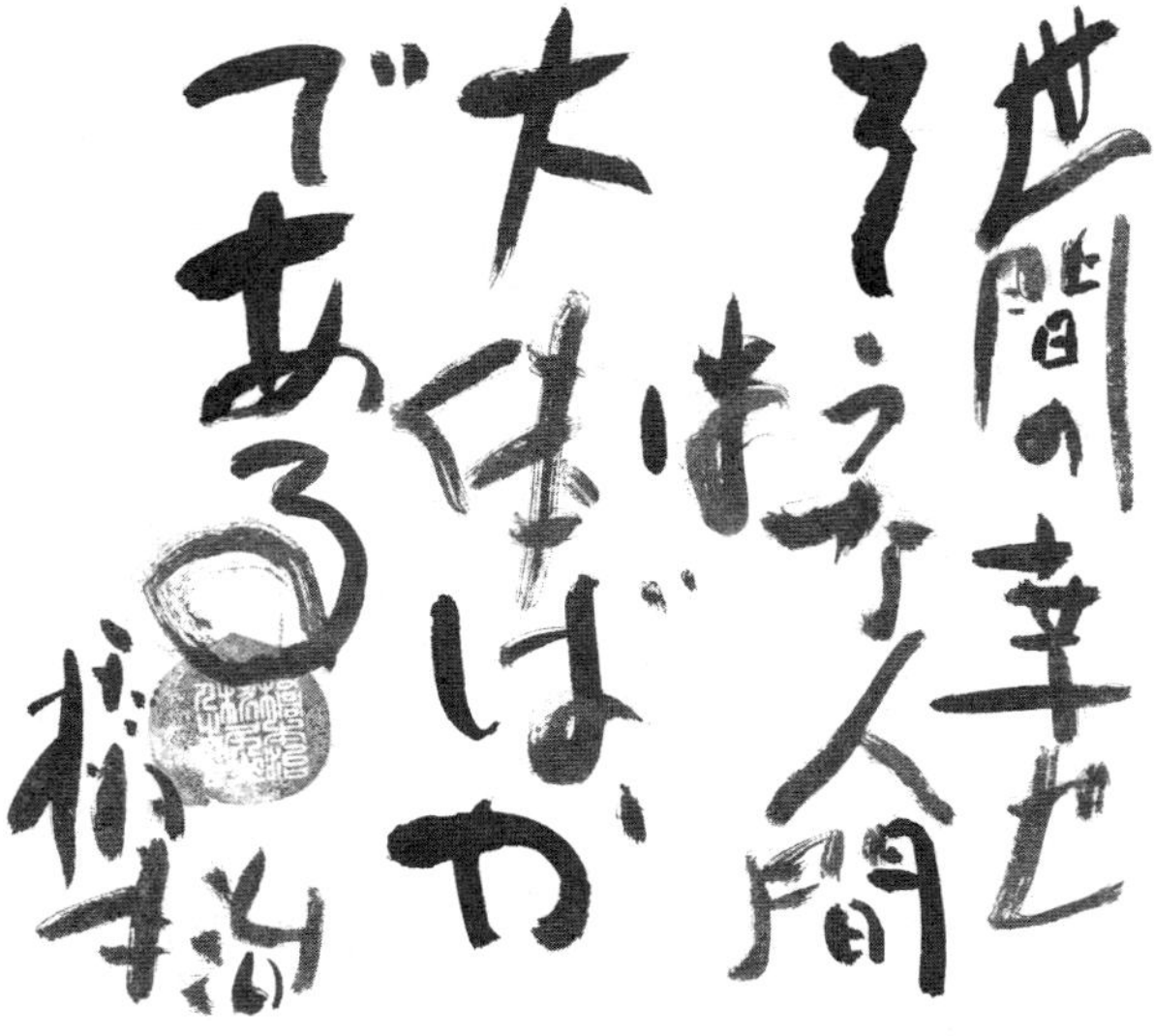
世間の幸せそうな人間
大体ばかである

この作品は、幻冬舎ｐｌｕｓで二〇一三年十一月〜二〇一七年八月に連載していた「かけこみ人生相談」をまとめた文庫オリジナルです。

幻冬舎文庫

●好評既刊
800年後に会いにいく
河合莞爾

「西暦2826年にいる、あたしを助けて」。残業中の旅人のもとに、謎の少女・メイから動画メッセージが届く。旅人はメイのために〝ある方法〟を使って未来に旅立つことを決意するのだが――。

●好評既刊
告知
久坂部 羊

在宅医療専門看護師のわたしは日々、終末期の患者や家に籠る患者とその家族への対応に追われる。治らないがん、安楽死、人生の終焉……リアルだが、どこか救われる6つの傑作連作医療小説。

●好評既刊
殺人鬼にまつわる備忘録
小林泰三

記憶が数十分しかもたない僕は、今、殺人鬼と戦っている(らしい)。信じられるのは、昨日の自分が、今日の自分のために書いたノートだけ。記憶がもたない男は殺人鬼を捕まえられるのか――。

●好評既刊
神童
高嶋哲夫

人間とAIが対決する将棋電王戦。トップ棋士の取海は初めて将棋ソフトと対局するが、制作者は二十年前に奨励会でしのぎを削った親友だった。因縁の対決。取海はプロの威厳を守れるのか?

●好評既刊
東京二十三区女
長江俊和

ライターの璃々子はある目的のため、二十三区を巡っていた。自殺の名所の団地、縁切り神社、心霊写真が撮影された埋立地、事故が多発する刑場跡……。心霊より人の心が怖い裏東京散歩ミステリ。

幻冬舎文庫

●好評既刊
作家刑事毒島
中山七里

編集者の刺殺死体が発見された。作家志望者が容疑者に浮上するも捜査は難航。新人刑事・明日香の前に現れた助っ人は人気作家兼刑事技能指導員の毒島真理。痛快・ノンストップミステリ！

●好評既刊
霊能者のお値段
お祓いコンサルタント高橋健一事務所
葉山　透

友人の除霊のため高校生の潤が訪ねたお祓いコンサルタント高橋健一事務所。高額な料金を請求するスーツにメガネの霊能者・高橋は霊を祓えるのか？　霊と人の謎を解き明かす傑作ミステリ。

●好評既刊
ヒクイドリ
警察庁図書館
古野まほろ

交番連続放火事件、発生。犯人の目処なき中、警察内の2つの非公然諜報組織が始動。元警察官僚の著者が放つ、組織の生態と権力闘争を克明に描いた警察小説にして本格ミステリの傑作！

●好評既刊
ある女の証明
まさきとしか

主婦の芳美は、新宿で一柳貴和子に再会する。中学時代、憧れの男子を奪われた芳美だったが、今は不幸そうな彼女を前に自分の勝利を噛み締めた――。二十年後、盗み見た夫の携帯に貴和子の写真が。

●好評既刊
ウツボカズラの甘い息
柚月裕子

鎌倉で起きた殺人事件の容疑者として逮捕された主婦の高村文絵。無実を訴えるが、鍵を握る女性は姿を消していて――。全ては文絵の虚言か、悪女の企みか？　戦慄の犯罪小説。

橋《はし》本《もと》治《おさむ》のかけこみ人生《じんせい》相談《そうだん》

橋《はし》本《もと》治《おさむ》

平成30年12月10日　初版発行
令和6年7月31日　2版発行

発行人――石原正康
編集人――高部真人
発行所――株式会社幻冬舎
〒151-0051東京都渋谷区千駄ヶ谷4-9-7
電話　03(5411)6222(営業)
　　　03(5411)6211(編集)
公式HP　https://www.gentosha.co.jp/
印刷・製本―TOPPANクロレ株式会社
装丁者――高橋雅之

幻冬舎文庫

ISBN978-4-344-42813-3　C0195　は-2-2

この本に関するご意見・ご感想は、下記アンケートフォームからお寄せください。
https://www.gentosha.co.jp/e/